まんがと図解でわかる
7つの習慣

スティーブン・R・コヴィー 監修

宝島
SUGOI
文庫

宝島社

本書は2011年10月に小社より刊行した別冊宝島1805号『まんがと図解でわかる 7つの習慣』に加筆・修正を行い改訂し、文庫化したものです。

編集 ● 宮下雅子(宝島社)
編集協力 ● 神崎宏則、小田立子、日下淳子
取材・文 ● 牧原大二、牧 ゆり、谷道健太
宮本裕生 (office LIP)
小田立子、日下淳子、乙野隆彦
表紙デザイン ● 遠藤嘉浩(株式会社遠藤デザイン)
本文デザイン ● 遠藤嘉浩、遠藤明美、横須賀 智
(株式会社遠藤デザイン)
表紙イラスト ● 加茂
まんが ● 葉月
章扉イラスト・人物カット ● すな
写真 ● 阪巻正志

• Interview-1 •

「7つの習慣」で自分の人生にリーダーシップを発揮できる

自分の人生を充実させ、成功と幸せを得る方法を説いた『7つの習慣』は、1989年の発行以来、数多くの支持者を得て、世界30カ国以上で2000万部以上も売れる大ヒットとなった。その著者であるスティーブン・R・コヴィー氏が本書の制作に合わせて来日し、彼の人生を振り返りながら、「7つの習慣」への思い入れや、その価値などを語ってくれた。

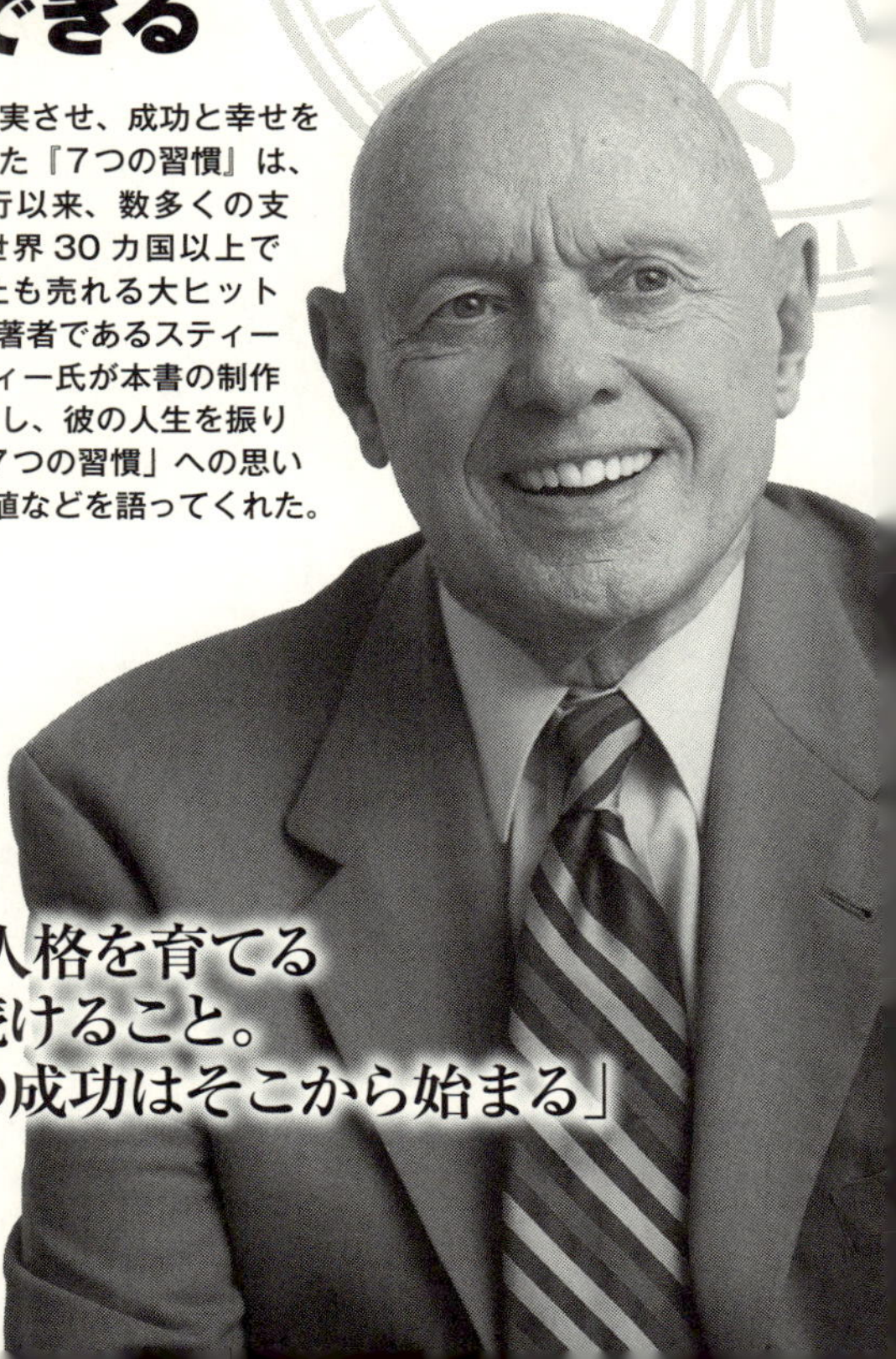

「自分の人格を育てる
習慣を続けること。
すべての成功はそこから始まる」

難病を患い、スポーツ選手の夢を諦め、学問に打ち込む

私が「7つの習慣」の思想を構築できたのは、難病に悩まされたことがきっかけだったとも言えるでしょう。

ユタ州ソルトレイクシティーで育った私は、スポーツが大好きなやんちゃ坊主で、中学校に入った頃には本気でプロテニスプレイヤーを目指そうと思っていました。

ところが12歳か13歳のとき、骨が劣化する「大腿骨頭すべり症」という難病にかかってしまったのです。走るどころか松葉杖なくして立つことすらできなくなり、3年半もの間、松葉杖の生活を余儀なくされました。

成長するにつれ、少しずつ骨がよくなり、自然と再び歩けるようになったのですが、この出来事は私に決定的な影響を及ぼしました。関心はスポーツから学問へとがらりと変わったのです。

勉強に打ち込んだ私は、飛び級をして16歳でユタ大学に入学しました。その頃には、脚はすっかりよくなっていました。20歳で卒業し、末日聖徒イエス・キリスト教会の宣教活動で英国に渡った後、ハーバード大学の経営学大学院に入学しました。

そこで私は、「教師になりたい」という人生の目標を見つけました。

私はいわば、自分の内なる「声（ボイス）」を聴き取り、天職を見つけることができたのです。そこで、他の人も一人ひとり、自分の「声」が見つけられるように導く仕事をしたいと思ったのでした。私は、ユタ大学などで経営学を教えながら著作を重ね、人生を充実させるための方法論について、少しずつ考えを固めていきました。

人格を育て、人に影響を与える「7つの習慣」の思想に至る

1989年に私は『7つの習慣』を発表しました。ですが、私の思想は、最初から「7つの習慣」だったのではありません。

7つのうちの6つの習慣、つまり人間のあり方としての根本を磨き、一人の人間として立派な成長を遂げるための第1、第2、第3の習慣。人間としての成長を踏まえて人にもよい影響を与える第4、第5、第6の習慣。これらは、教職を通して私の中で醸成されていましたが、肉体、精神、知性、社会・情緒という4つの側面から自分を磨き続けるという第7の習慣は、ハワイのゴルフ場で突然思いつきました。

これら「7つの習慣」の思想の根本には「人格主義」という考えがあります。人格主義とは、人間の原理とは人格にあり、行動し、判断する人格

「人には誰にでも天命がある。正しく自分を磨くことで、内なる〝声〟がそれを教えてくれる」

こそがその人の本質だと考える立場です。

これは、個人の考えを尊重するアメリカ社会の基本性格にあると言えますが、一方で、互いの人格を尊重して行動する風潮は薄れていました。私は修復することが重要だと思いました。そのために、人間の生き方における原理原則を提唱し、それに基づいたリーダーシップの考え方を広めたいという思いが強くなってきたのです。自分自身にも、周囲の人間にも発揮できるリーダーシップです。

自分の使命を文に残すことでブレない人生を生きられる

私は、『7つの習慣』の中で子育てや夫婦関係のエピソードを豊富に取り上げました。それは、どちらも人格を成長させる重要な要素だからです。私自身、そこから学ぶことがとても多かったですしね。

家族との約束を破ってしまったら、謝ったり許しを求めたりすることを通して、人の信頼は、貯金の残高のように変動するものだということを、私は学びました。「信頼残高」というアイデアです。もちろん私だって、最初から「7つの習慣」を実践できていたわけではありません。

9人の子どもたちを育てる間には、つらい時期もありましたが、夫婦や家族で生きる目標を分か

KEYWORD

ミッション・ステートメント

自分の人生の使命と役割を明確にするために、その使命・役割と、どんな心がけで生活を送るのか言葉にしておく。これを「ミッション・ステートメント」という。上司、部下、専門職、父、母、息子、娘、兄弟、姉妹、隣人など、役割ごとにどんな人物として日々、ありたいかを文にしておき、いつでも思い出し、ときどき見直すようにする。これによって、自分の理想的なあり方や人生に着実に近づいていくことができる。

ち合う「ミッション・ステートメント」を共有していたのがよかった。「私たちはどんな家族でいたいのか」「それによって、どんな人生を送りたいのか」「周囲にどんな貢献をしていきたいのか」。そうした内容を文にして共有しておくことで、家族の心がバラバラになりそうなときも、立ち止まって大事なことを思い出し、またひとつになることができました。

ミッション・ステートメントは、第2の習慣「目的を持って始める」を貫くために大切な方法です。ミッション・ステートメントを作っておくことで、個人の人生も、家族や組織の歩みも、目標に向かってブレずに保つことができます。

寄り道や遠回りをできるだけ避け、自分が決めた「成功」に確実に近づいていくことができるのです。

スティーブン・R・コヴィー

『7つの習慣』著者。各国の政府や企業のリーダーのコンサルタントとして広く活躍している。英国のエコノミスト誌では、世界でもっとも影響力のあるビジネス思想家として評価されている。生い立ちは15ページ~のまんがを参照。

← 140ページ後編に続く

目次&本誌の読み方

まんがと図解でわかる
7つの習慣

スティーブン・R・コヴィー Interview1
「7つの習慣」で自分の人生にリーダーシップを発揮できる …… 3

INTRODUCTION
「7つの習慣」で人生は変わる! …… 13
—— 信頼され、結果を出す人の法則 ——
まんが INTRODUCTION まんがでわかる「スティーブン・R・コヴィー」—— スティーブン・R・コヴィーってどんな人? …… 15
すべてを変える「習慣」の力 すべきことは7つだけ! …… 20

CHAPTER 1
見方を変えれば「問題」も変わる …… 25
—— 「7つの習慣」を始める前に理解しておくこと ——
まんが CHAPTER1 まんがでわかる「インサイド・アウト」—— 物の見方を変えれば成長につながる …… 27
❶ 本当の〝成功〟とは何か? 物より人格的な豊かさが本当の成功と幸せを呼ぶ …… 38
❷ 「自分の見方は正しいか?」を問う 人はものごとを自分の見たいように見ている …… 42
❸ 失敗する人の法則、成功する人の法則とは? 結果を変えるには物の見方から変える …… 46
❹ 価値観や物の見方(パラダイム)を転換する 〝パラダイム転換〟を起こせば人生は変わる! …… 50
❺ 成長には「習慣」という過程が必要 毎日の少しずつの変化が自分を大きく成長させる …… 54
❻ 即効性のある解決を求める考え方こそ「問題」 「コツを知りたい」とは成功者は考えない …… 58
❼ 「インサイド・アウト」という考え方 自分が変わることでしか環境は変わらない …… 62

❽「正しさ」を習慣にするために必要なもの　新しい習慣は知識、スキル、やる気で身につく……66
❾「7つの習慣」がもたらすもの　精神的に成熟し真の「大人」になる……70
❿私的成功・公的成功とは何か？　人生には「公」と「私」、2つの成功がある……74

CHAPTER

2

自分で考え、行動する本当の〝大人〟になる……81

――自立を手に入れる第1、第2、第3の習慣――

まんが CHAPTER 2　まんがでわかる「第1、第2、第3の習慣」――目的を持って主体的に行動する……83
❶第1の習慣／主体性を発揮する①　「なぜ、こうしたか」を自覚する……92
❷第1の習慣／主体性を発揮する②　自分のやり方が変われば相手も変わる……96
❸第1の習慣／主体性を発揮する③　自分の「影響の輪」がどこまでかを意識する……100
❹第1の習慣／主体性を発揮する④　自分を変えるために小さなことから始めよう……104
❺第2の習慣／目的を持って始める①　目的を持って始めることが自分を正しい方向へ導く……108
❻第2の習慣／目的を持って始める②　自分の人生の目的を見つける3つの力……112
❼第2の習慣／目的を持って始める③　迷ったときに立ち返る自分の「原則」を知る……116
❽第2の習慣／目的を持って始める④　自分の人生の「原則」をキャッチコピーにする……120
❾第3の習慣／重要事項を優先する①　時間は管理できない！　重要事項の順序を決める……124
❿第3の習慣／重要事項を優先する②　「緊急でないが重要なこと」のための時間を増やす……128
⓫第3の習慣／重要事項を優先する③　役割と目標を頭に入れて行動する……132
⓬第3の習慣／重要事項を優先する④　時間が足りないときは人に「任せる」ことも大切……136

スティーブン・R・コヴィー Interview2
「7つの習慣」は文化を問わない真理 変化を起こすリーダーになれ！……140

CHAPTER 3
仲間と手を取り合い大きな成果を出す……145
——共同作業で成功する第4、第5、第6の習慣——

まんが CHAPTER 3 まんがでわかる「第4、第5、第6の習慣」——自分から率先して相手に貢献！……147
❶ 第4の習慣／Win-Winを考える① 人間関係を充実させる「信頼残高」を増やす……156
❷ 第4の習慣／Win-Winを考える② 双方が納得できるやり方が本当の解決策だ……160
❸ 第4の習慣／Win-Winを考える③ 他人に〝与える〟人こそもっとも豊かになれる……164
❹ 第5の習慣／理解してから理解される① 「聞き上手」となって相手をまず理解する……168
❺ 第5の習慣／理解してから理解される② 4段階の聞き方で相手の心を開かせる……172
❻ 第5の習慣／理解してから理解される③ 信頼と協調性があれば人から理解される！……176
❼ 第6の習慣／相乗効果を発揮する① 違う人同士が出会うと新しいものが生まれる……180
❽ 第6の習慣／相乗効果を発揮する② コミュニケーション次第で相乗効果は大きくなる！……184
❾ 第6の習慣／相乗効果を発揮する③ すべての習慣を積み重ね根気よく人と接する……188

CHAPTER 4
日々、自分の器を大きく育てる……195
——6つの習慣の下地を作る第7の習慣——

まんがCHAPTER 4 まんがでわかる「第7の習慣」――バランスのとれた人間の〝ゴール〟……197
❶ 第7の習慣／刃を研ぐ① 自分への投資なくして成功はあり得ない……206
❷ 第7の習慣／刃を研ぐ② 肉体を毎日鍛えながら精神を磨き上げる……210
❸ 第7の習慣／刃を研ぐ③ 社会・情緒の研鑽は他者との関係性で鍛える……214
❹ 第7の習慣／刃を研ぐ④ 自分の「刃を研ぐ」ことで周囲の支えにもなれる……218
❺ 「7つの習慣」を一体として振り返る 「7つの習慣」は相乗効果でより高い成果を生む……222
❻ 再び「インサイド・アウト」へ 自分で自分の人生は変えられる！……226

CHAPTER 5

人生の意味を知り生き方を見出す
――自分の真の価値が見つかる第8の習慣――

233
❶ 第8の習慣／ボイスを発見する① 自らの〝声〟がモチベーションを呼ぶ……235
❷ 第8の習慣／ボイスを発見する② 生まれつき備わった3つの天賦の才を信じる……239
❸ 第8の習慣／ボイスを発見する③ 〝声〟に従う生き方で周囲を奮い立たせる……243

Column

1 あなたに足りない「習慣」を見つけよう これからの人生の成功確率は？……23
2 それぞれの習慣の関係性とは？ 「7つの習慣」は人間を連続した成長に導く！……78
3 結果を求めるために過程を重視する 「P／PCバランス」という考え方……192
4 教育ノウハウとしても最適 「やればできる」を子どもたちが実感できる！……230

〈さくいん付〉「7つの習慣」がわかる用語集44……247

ストーリーまんがの登場人物

榊《さかき》　愁平《しゅうへい》（17歳）：七海とは小さい頃、いっしょに遊んだことがある幼なじみ。気位が高く、不器用で友人のできない彼女にアドバイスをする。

西園寺《さいおんじ》七海《ななみ》（17歳）：父親の会社が倒産したため、地元の公立高校へ転校してくる。気取った態度のせいで、転校早々、クラスで浮いた存在になってしまい……。

木暮《こぐれ》　綾《あや》（17歳）：七海のクラスの女子のリーダー的存在。七海の態度がきっかけで、綾とその友だちは、転校初日から七海と険悪な雰囲気になってしまう。

榊《さかき》　陽平《ようへい》（26歳）：愁平の兄で、美容院を経営。愁平とともに七海が自分の店でアルバイトすることを快諾する。

本書の読み方

でも、… **真の成功（優れた人格を持つこと）** を達成していない人もいる。」

――「インサイド・アウト（内から外へ）」p.14――

Many people with secondary greatness—that is, social recognition for their talents—lack **primary greatness or goodness in their character.**

コヴィーの著作からその節に関連した重要フレーズを引用しています（第1～4章は『7つの習慣』より、5章は『第8の習慣』より※）。

※引用のページ数は、255ページに挙げた参考図書の該当ページです。

この習慣が人生を変える！

その節のポイントをひとことでまとめています。

その節で解説する内容を図や表を用いて整理しています。

まんがの登場人たちが、その節のストーリーにまつわるトピックをワンシーンで説明します。

〈注〉
本書では、監修者のアドバイスをもとに、「7つの習慣」の重要なポイントを一部大胆に、わかりやすくまとめて解説しています。

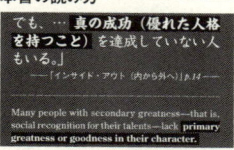

序章

「7つの習慣」で人生は変わる！

——信頼され、結果を出す人の法則——

頑張っているのに成果が出ない人がいる。結果を出し、人望も厚い身近な人と自分を比べて「あいつと何が違うのか？」と思ったことがある人もいるはず。差をつけたのは、日々の心がけだ。毎日の少しずつの変化が、大きな違いとなって表れているのだ。

自己改善の領域に入ることは、まさに聖地ともいえる
神聖な場所に足を踏み入れることである。
しかし、これに優る投資はない。

――「人生の扉を開く『7つの習慣』」p.74――

まんがでわかる「スティーブン・R・コヴィー」

スティーブン・R・コヴィーってどんな人?

私は、スティーブン・R・コヴィー
私の人生で遭遇したさまざまな出来事が現在の私へと導いてくれたのだ
ここでは私の前半生を中心に振り返ってみよう
私は1932年、アメリカのユタ州ソルトレイクシティーに生まれた
ソルトレイクシティー
ユタ州
父親がホテルを経営する裕福な家に育った
おぎゃあ
おぎゃあ
3人の姉と1人の弟がいるにぎやかな大家族
そして敬虔《けいけん》な
キリスト教徒の一家だった
幼少時代はサッカー、野球などスポーツに打ち込みやんちゃ坊主だったよ
特に熱中したのはテニス
ビシッ
プロテニスプレイヤーになろうと
真剣に思っていたんだ
うまいじゃないか
ありがとうございます!
——ところが…

12～13歳の頃に「大腿骨頭すべり症」という骨が劣化する難病になってしまう
しかし、この病気が私にとって大きな転機になる
松葉杖で3年半、闘病生活を続けながら…
私の興味はスポーツから学問に移った
プロテニスプレイヤーになる夢を諦めるしかなかった
猛烈に勉強して
16歳のとき、飛び級でユタ大学に入学した
幸いにも骨が自然によくなって、脚は治ったんだ！
大学時代、特に打ち込んだのはディベート
国際連合の大きな役割として…
誕生まもない「国際連合」をテーマによく討論したものだ
そして20歳でユタ大学を卒業
その後、キリスト教会の使節として渡英した
イギリス
ロンドン
このイギリス時代に大切な出会いがあったんだよ

使節団の団長助手としてイギリス中を巡った
ザッ
ある日、同郷の女性サンドラが私に声をかけてきた
ねぇ！
彼女は聖歌隊のメンバーでイギリスに来ていたんだよ
どん
あなたは私の夫になる人よ
彼女からのプロポーズにはビックリしたよ
ぽかーん
うれしかったけどね…
まもなく使節団の活動を終え、アメリカに帰国
そしてハーバード大学経営学大学院に入学した
再び学業に没頭する毎日だったよ
私は、人を導く教師という仕事に魅力を感じ始めていた
父さん、僕は教師になりたいんだ
しかし、父は私に家業のホテル業を継いでほしいと思っていたようだ
…そうか。わかったよ。頑張るんだぞ
そして
大学院修了の翌年、サンドラと結婚

私の教師人生が始まった――
まずユタ大学でマネジメントを…
その後、ブリガムヤング大学（BYU）でも教壇に立った
BYUでは宗教教育の博士号も取得したんだよ
私は多くの大学で教壇に立った
そして私が考える〝原則中心のリーダーシップ論〟をもっと広く伝えたいと思うようになった
さまざまな制約がある大学だけでは限界を感じ――
ぐっ
1989年に、私は、コヴィー・リーダーシップ・センターを設立した
執筆活動を行い、多くの企業でも教えた
15 MILLION SOLD
THE 7 HABITS OF
HIGHLY EFFECTIVE PEOPLE
ホワイトハウスの大統領執務室でジョージ・W・ブッシュに「人生の計画と救済」を教えたこともあるよ
私は人を導くという〝天職〟に出会えた
だからこそ――今までもこれからも人を導くために自分の知識や経験を伝え続けていきたいんだ

そんな悩みを解決してくれるのが、
「習慣を変える」ということ！

いつもやることに追われていてストレスがたまっている。
若い部下は私生活中心で仕事に意欲が感じられない。チームの雰囲気をよくしたいのだが…。
部長がワンマンだから仕事が進まないんだ。

すべてを変える「習慣」の力
すべきことは7つだけ！

人間関係の改善に即効薬はなし

上にあげたような悩みを持つ人は、世の中に少なくないだろう。自分は改善しようと努力しているのに、相手がどうしても変わってくれない、と嘆く人もいるかもしれない。でもそれを〝根本的なところ〟から解決しようとするための考え方が、この「7つの習慣」だ。

長年培《つちか》ってきた「習慣」を変えると聞くと、抵抗を覚える人もいるかもしれない。第一、そんな努力より「相手に好意を持たれるために、笑顔を絶やさず、人の目を見て話を聞こう」といったテクニックのほうが、実践しやダイエットが長続きしない。
自分との闘いに勝てなくて自己嫌悪。

社会的には成功したが家族との関係は最悪…。
人生に意味はあったのか?

子どもに何をやらせても
いつも失敗ばかりで、
文句を言って終わり。
毎日叱ってばかりいる。

中学生の息子が
反抗的で親の言うことを
まったく聞かない。
どうしたらいい?

なんでお父さんは
私のことを
わかってくれないの?

結婚生活も長くなり
夫への愛情がなくなってしまった。
このまま生活していくべき?

すいものだ。でもそのテクニックで、本当に人間関係が改善されるのだろうか? 一時的なうわべの関係がよくなるだけではないのか?

本誌では、上記のような悩みを作り出してしまった、あなたの無意識の「習慣」を変えることで、誰からも信頼され、慕われ、愛される人となるばかりでなく、家族や社会との関係をよりよくし、ひいては生活や仕事をともにする仲間をも向上させていく考え方や行動の仕方を解説している。

必要なことは、たった〝7つ〟の習慣を実践するだけ。自分が変わらなければ、相手も変わらない。愛される人には、どんなときでも必ず救いの手が差し伸べられるものだ。「7つの習慣」を意識するだけで、劇的な変化を体験し、幸せへのステップを必ず昇っていけるはずだ。

7つの習慣

1
自分を変えようと常に意識する
自分の短所に気づき、問題への反応の仕方を変える
➡p.92~107

2
なりたい自分を想像してから始める
目的を設定し、そうなるためにできることを考えていく
➡p.108~123

3
重要なことを後回しにしない
後回しにしがちな健康管理や問題のフォローを怠らない。目的に合わせた時間の使い方をする
➡p.124~139

4
自分も相手も幸せな方法を探す
自分に有利なことばかりを選択しない。相手と一緒に向上する考え方にシフトする
➡p.156~167

5
相手のことを心から理解する
相手の気持ちを自己解釈してはダメ。相手の立場になって話を進める
➡p.168~179

6
対立は成果への第一歩と考える
反対意見をつぶしたり、妥協したりするのでなく、2つを合わせたもっといい方法を考える
➡p.180~191

7
肉体や精神を日々、磨く
自分自身のポテンシャルを高めるため、自分への投資を続ける
➡p.206~221

+8つ目の習慣
7つの習慣が身についたら、もっと自分を高める域に達しよう!
➡p.235~246

Column 1

あなたに足りない「習慣」を見つけよう

これからの人生の成功確率は?

あなたにはどれだけ明るい未来が待っているのか?
それは日頃の考え方・習慣次第。
さっそく、「7つの習慣」流で確かめてみよう。

「はい」なら
チェック!

- ❶ 常識や「空気を読むこと」を意識しすぎた行動が多い …………… □
- ❷ 思い通りにいかなくてイライラすることが多い ………………… □
- ❸ 仕事やトレーニング、家事や買い物など、段取りを考えずに始めることが多い ………………………………………………… □
- ❹ 今の自分の仕事や状況に、やりがいや目的を見出せていない … □
- ❺ 時間がなくて、やりたいことが後回しになっていると感じる …… □
- ❻ 家にいるときは、何となくテレビをつけている ………………… □
- ❼ 結局、人生は競争で、強者が勝つのが真理だと思う …………… □
- ❽ 成功のためには、誰かを蹴落とすことも仕方がないと思う……… □
- ❾ 人の話を途中で遮って意見を言ってしまうことが多い ………… □
- ❿ 会話が「でも」「だけど」で始まっていることが多い…………… □
- ⓫ 交渉とは、妥協点を探し、相手の譲歩を引き出す作業のことだと思う…… □
- ⓬ 考え方やタイプが似ている人といたほうが楽しい……………… □
- ⓭ まんがは読むが、活字の本は1年で5冊も読まない …………… □
- ⓮ 定期的な運動は特にしていない ………………………………… □

判定　あなたの人生の成功確率は……

「はい」の数	人生の成功確率	
13~14	10%	「失敗する人の考え方・習慣」に見事にハマっています。今、自分の状況に不満があるとしたら、それはすべてあなたの責任。すぐ自己改革に取り組みましょう。伸びしろが多いぶん、頑張れば成果も大きいはずです。
8~12	30%	わがままなうえ、悪いことはすぐ人のせいにするようなことはありませんか？　そんな態度ではやがて人は離れていくでしょう。信頼されない人に成功の道はありません。
4~7	60%	まずまずですが、あなたの何気ない振る舞いが、ときに周囲を失望させていて、いまいち「頼れる人」「すごい人」になりきれていないようです。より高いポジションを目指すなら、少しずつ自分を変える努力が必要です。
0~3	90%	「7 つの習慣」の考え方が、かなり身についています！あなたの周囲からの信頼は厚いはず。本書を読んで、さらに自分の人生を力強く切り開いていきましょう！

＜解説＞ それぞれの質問は、次の習慣に基づいています。

❶❷：第1の習慣（主体性を発揮する p.92～）

❸❹：第2の習慣（目的を持って始める p.108～）

❺❻：第3の習慣（重要事項を優先する p.124～）

❼❽：第4の習慣（Win-Winを考える p.156～）

❾❿：第5の習慣（理解してから理解される p.168～）

⓫⓬：第6の習慣（相乗効果を発揮する p.180～）

⓭⓮：第7の習慣（刃を研ぐ p.206～）

2 つとも「はい」になってしまった人は、特にその習慣を重点的に鍛えるように意識してみましょう。

第1章

見方を変えれば「問題」も変わる

――「7つの習慣」を始める前に理解しておくこと――

「7つの習慣」を実践する前に、前提として理解しておきたいことをまとめてみた。ポイントは「自分の問題をどう見るか？」という視点の置き方。解決には、「パラダイムの転換」と「インサイド・アウト」の考え方が必要だ。それを本章で見ていこう。

成長と変化のプロセスは、上向きの螺旋《らせん》状の循環である。
つまり、自分のあり方を変えることによって見方が変わり、
見方が変わることによってさらにあり方が変わるのである。

——「人生の扉を開く『7つの習慣』」p.74——

まんがでわかる「インサイド・アウト」

物の見方を変えれば成長につながる

※このまんがはフィクションです。登場する人物、団体名などはすべて架空のものです。
※まんが内のセリフ等で、文字が太くなっている内容は、コヴィー氏の「7つの習慣」の代表的なエッセンスです。

私が通っていた
聖カトレア学院は
知る人ぞ知る…
超お金持ち学校!!
聖カトレアver
そんな〝超〟が
つくほどの
セレブ高校に
通っていた私が…
なんで普通の
公立高校へ転校して
きたかというと…
事業に失敗して
父親の会社が倒産
ごめーん七海
倒産しちゃった☆
イラッ
幸い無一文になるのは
まぬがれたけど…
高額な授業料が払える
わけもなく…転校
お嬢さま…
お元気で…
生活は激変!
住んでいた家と
メイドたちにも別れを
告げて…今は一家で
アパート暮らし…
転校先でも
がんばれよ
ボロッ
こんなことって…!
人生、最悪よ!
ギリッ

早く元の
セレブな生活に
戻りたい…
うぅ〜〜
はい
じゃあ…
西園寺さんは…
そこの…榊《さかき》くんの
隣に座って…
さかき…!?
ハイハーイ!
ばっ
オレ！
オレが榊！
榊 愁平って
いうの
オレの隣が
西園寺の
席だよ
榊 愁平（17歳）
光陵台高校2年。明るく
活発なクラスの人気者。
!
頭悪そうな…
うるさい奴…
うわぁ…
じゃあ…
西園寺さんも
席に着いて
…はい

静かに…授業、始めますよー
はーいっ
なぁなぁ…
西園寺って昔、このへんに住んでただろ？
えっ？
オレのこと覚えてない？小さい頃、遊んだことあるんだけど…
悪いけど…私、庶民の男の子と遊んだことなんて…
…………
——いえ…ちょっと待って！
そういえば…小さい頃…
私のまわりをウロチョロする男の子がいたような…
七湘はえらそーにしてるからだめなんだよ
うっうるさいわねっ

それがこいつ…!?
こんなアホみたいな奴だっていうの？
？
確かに面影が少しあるようなないような…？
もしかして…榊くん、お兄さんはいらっしゃる？
そうそう！
その榊くん！
ぱあっ
ビクッ
兄貴は今、美容師、やってるんだ
よかったら今度、店に来いよ！
へー
そうね。そのうちに…
えー！絶対来いって…
榊くんっ！静かにっ！
はーい！先生、こえーよー
あははは
すすっ
………！

キーン
コーン
ねぇねぇ…
西園寺さん
よかったら…
お昼、いっしょに食べない？
！
……け……
ぐっ
…結構よ
ガタッ
私、お昼は一人で食べる方が好きなの
…それに！
庶民とお弁当なんて…ごめんだわ
ガララッ
ピシャンッ
しょ、しょみん…？
ぽかーん
なっ…
何あれー!?
何様のつもり？
せっかく誘ってあげたのにー
庶民の学校に転校してきたくせに！
ぎゃあ
ぎゃあ
ぎゃあ

ムカつくー！
すっ
あんな子…相手にしなきゃいいのよ
！
綾ー！
あの態度…私たちのことを見下して…
小暮 綾（17歳）
光陵台高校2年。愁平に密《ひそ》かに想《おも》いを寄せている。
〝元〟お金持ちのくせにねー
……
ヤな感じー
きゅっ
……
ザァッ
…はぁ
またやっちゃった…
ずううん
この高飛車な態度のせいで…
友だちができなかったから…
今度こそ！と思っていたのに…

ま、まぁ…別に…自分を変えてまで人に合わせようとか…思ってもいないけど…
はんっ
それだと…友だち、できないままだぜ!
もぐもぐ
…あっ、アンタ!いつの間に…っ!
ずざざっ
あの言い方はダメだって…七海
……
呼び捨て…うっうるさいわね!アンタに関係ないでしょ!
…お前さぁ
はぁ〜
ガキの頃と変わらなさすぎ
うれしいことも素直に喜ばないし…悪態つくし…どうして…
なっ
そんな言い方…そんな態度しかとれないんだよ!ホント変わんねー
うっ

ガキの頃なら許されるかもしれないけど…
大人になったらそうはいかないだろ？
わかってるわよ！言われなくても…でもどうしたら…
そんなの簡単だって！
七海自身が変わればいいんだよ！
物の見方だったり言動だったり…
ものの本じゃ"インサイド・アウト"っていうらしいよ
見方を変えれば言動も変わる。そうすればまわりの態度も変わってくると思うぜ？
「わかってる」ってことは…このままじゃダメだって…自分でも気づいているんだろ？
！
環境も変わったんだし…チャンスじゃん！
ぷーっ
友だちと食べる昼メシうまいぜー
…大きなお世話よ

――でも…
自分自身を変える…か…
結構イイこと言うんだ…こいつ…
目から鱗《うろこ》だわ…
親の会社の倒産も転校も…今の状況は最悪だけど…
あんパン
もしかしたら本当に…チャンスなのかも
……
グチっても状況は変わらないしね…――自分自身を変える…かぁ…

Ch1-1

本当の〝成功〟とは何か？

物より人格的な豊かさが本当の幸せを呼ぶ

「7つの習慣」は、成功を引き寄せるための方法論だ。だがその〝成功〟は、テクニックや会話術で得られるものではない。自分という人間を根っこから育てる必要がある。

知識やテクニックで得た成功は長続きしない

多くの人が「自分の才能で成果を出したい」と願っている。

だがコヴィーは、そのために成功するイメージの作り方を学んだり、会話・交渉のテクニックや知識を身につけようとしたりするだけでは不十分、という。痛み止めやばんそうこうでうわべの症状を覆《おお》い隠しているにすぎないからだ。

樹木を立派に育てたいとき、枝葉の形を整えているだけで、その木は太く、たくましく育つだろうか。表面的な〝立派さ〟は出せるかもしれないが、それを支える根や幹が弱かったら成長できない。〝立派さ〟を維持するには、いつまでも枝葉を刈り続けなければならないし、大きな変化には、負けて、折れてしまう。

人格の改善が好転のカギ

コヴィーは、本当の成功のためには、「人格主義」の発想に基づいて自分を変えることが必要だ、という。

人格主義とは、土壌を育て、水をやり、樹木を根から育てるような発想で自分を成長させる考え方だ。そして、誠意、謙虚、勇気、正義、勤勉、節制など、人間として

「表面的な成功（才能などに対する社会的評価）に恵まれた人の中でも、…**真の成功（優れた人格を持つこと）**を達成していない人もいる」

――「インサイド・アウト（内から外へ）」*p.14*――

Many people with secondary greatness—that is, social recognition for their talents—lack **primary greatness or goodness in their character**.

— Inside-Out p.22 —

長期的に評価され続けるのが真の成功

真の成功

誠実さや人柄を磨くことで、信頼を築くという考え方（人格主義）

↓

人格が認められ持続的に評価される
（長期的成功が得られる）

表面的成功

表面上のテクニックだけで多くの成功を勝ち取ろうとする考え方（個性主義）

↓

社会的には結果が評価されるが…
（短期的成功に終わる）

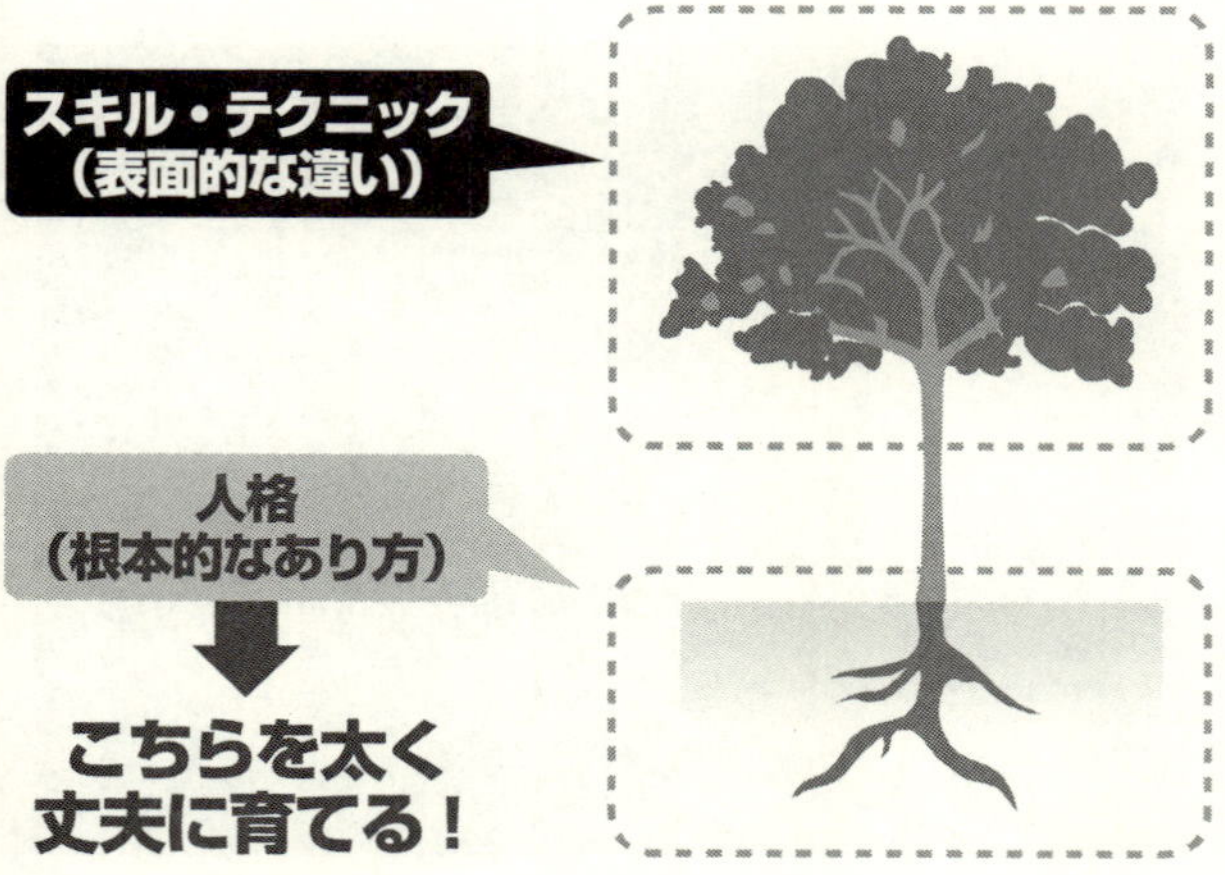
スキル・テクニック
（表面的な違い）
人格
（根本的なあり方）
こちらを太く
丈夫に育てる！

真に価値のある人格を手に入れる。これがすべて成功の前提だという。よい収穫物を得るために、田畑を土壌から育てるのと同じである。

才能を生かして社会で評価を受け、表面的な成功を手に入れている人は多いが、そういう人は仕事では活躍できても、その他の面でボロが出てしまうことも多い。だが、人間には、仕事以外にも、趣味、結婚、夫婦関係、子育て、友人関係など、さまざまなライフスタイルがある。自分の人格を育てれば、〝根っこ〟の部分が良質なので、あらゆる場面でよい結果を引き寄せることができるのだ。

この習慣が人生を変える！

うわべのテクニックに目を奪われない。その根となる人格を育てる意識を持とう。

Ch1-2

「自分の見方は正しいか？」を問う

人はものごとを自分の見たいように見ている

人格を育てる前にスキル・テクニック重視で自己改革をしようとすると、物の見方が狭まってしまう危険もある。自分の見方にとらわれ、ものごとを多角的に理解できなくなるのだ。

ものごとを「あるがままに」見ることはできない

「ものごとは客観的に、正確に見て判断するべき」と、言われることがある。だが、ものごとをあるがままに見ることなど、そもそも不可能だ。人が考え、行動する背景には、必ず、文化、歴史、教育、社会通念、個人の経験などが影響しているからだ。人間は、世界を自分で作ったレンズを通して見ているのだ。

たとえば、積極的に台所に立つ男性を見て、現代的な女性なら「家事に協力的でやさしい」と好印象を持つだろう。だが、「家事は女性の仕事」という保守的な教育や経験を積んできた人なら、その男性を「軟弱だ」と不快に思うかもしれない。そうした印象は、その男性に対する接し方にも影響してきてしまう。

表面的に人をとらえることの限界

別の例をあげよう。友だちに「貸して」と言われても、かたくなに人形を手放さない少女がいたとする。その場面だけ見れば、多くの人が「少女はわがままだ」と否定的に評価するだろう。だが、もしその人形が、前日に亡くなった少女の母親の形見だったとしたら？　少女の態度への印象はがらり

「私たちは世界をあるがままに見ているのではなく、私たちのあるがままに（**条件づけされたままに**）世界を見ているのだ」

――「インサイド・アウト（内から外へ）」*p.23*――

We see the world , not as it is, but as we are—or, **as we are conditioned** to see it.

— Inside-Out p.28 —

人を表面で判断することの危険とは？

状況　人形を抱きしめて、友だちが頼んで泣いても絶対に貸したがらない少女がいたとする

あなたはどう思うか？

Aのグループ

友だちがかわいそう。少しだけ貸してあげたらいいのに

少女はわがままだ

コミュニケーション能力が高くないのだろう

Bのグループ

落ち着いたら、友だちにも貸してあげられるだろう

少女はかわいそうだ

友だちはわがままだ。少しは我慢すればいいのに

Bのグループには、事前情報があった

- 少女はとても優しい子である
- 友だちも多く、滅多にケンカもしない
- 人形は少女のために母親が作ったものである
- 少女の母親が前日に亡くなった

人は、自分の経験や知識による「下地」を通して、世界をとらえている

と変わるはずだ。

人間の行動や態度を表面的に判断するという考え方や物の見方を疑わずにいると、ときに真実とはかけ離れたところに着地してしまう。これが人生だったらどうだろう。いわば、間違った地図を頼りに意気揚々と目的地を目指すようなものだ。だが、地図が間違っていることは、たいていは、地図に示された目的地まで到着しなければわからない。人生は後戻りできないのに。

人間の行動に関する事実は、もっと深いところで考える必要がある。それが「人格」を重視する、という考え方なのだ。

ものごとを表面的に判断することは、ときに真実を見えにくくする、と心得よう。

Ch1-3

失敗する人の法則、成功する人の法則とは？

結果を変えるには物の見方から変える

自分の価値観は自分にとっては一番で、まるで特別なものであるかのように思っている人は多い。だが、その価値観へのこだわりが「成功」を遠ざけている。

あなたの価値観が悪い結果を引き寄せている場合も

長年培われた価値観は、ものごとの見方を狭めてしまう。そのせいで成長の機会を逃している人は多い。

たとえば、職場やクラスで不遇な扱いを受けている人が、自分が理解されないことを周囲のせいにして、「本当の自分には実力がある。今、自分がこんな状態なのは、誰もその価値をわかっていないからだ」と考えていたとする。

こういう人は仕事を頼まれても、相手を見下していたり、「こんな小さな仕事は自分に相応しくない」などと思っていたりして、本気を出さない。当然、成果は出ない。周りはそれをマイナス評価するから、もっと小さな仕事しか任せなくなる。すると本人は「やっぱり誰もわかっていない」と、さらにふてくされる。

成功は物の見方を変えることから

これは「Ｓｅｅ（物の見方）→Ｄｏ（行動）→Ｇｅｔ（結果、得るもの）」の循環が悪い方に繰り返されることで起こっている。物の見方がまずいせいで、行動や結果もまずいものとなる。これがさらに物の見

「この『7つの習慣』を本当の意味で理解するには、まず自分たちの持つパラダイムというものを理解し、そしてその**パラダイムを転換させる方法**を知らなければならない」

――「インサイド・アウト（内から外へ）」*p.15*――

... before we can really understand these Seven Habits, we need to understand our own "paradigms" and **how to make a "paradigm shift"**."

— Inside-Out p.23 —

物の見方を変え、行動を変えよう

だからさぁ…うまく人とつき合いたいなら…七海が態度を変えて行動しなきゃ…
……
自分から声かければいいんだよ。おっ…見てな!
そこのキミ!定期、落としたよ。キミのだろ?
あっ…ありがとう!…A組の榊くんだよね
…お礼にこれ、あげる!
…じゃあね
もらいものだけど…
なっ?簡単だろ?ちょっとの勇気で世界が変わるぜー!まぁ…お前の場合、練習が必要かもなー
なるほどー
練習か…それなら…ネコちゃん迷子?おうちは?
相手はネコかよ!!

方をまずい方に強化し、行動や結果が悪化する……。この繰り返しだ。

この「Ｓｅｅ→Ｄｏ→Ｇｅｔ」の連鎖自体は変わらない。ならば、出発点である「Ｓｅｅ」を変えるしかない。たとえば、「どんな小さな仕事でも、誠実にやり遂げれば認めてもらえる」。そう思って行動した人は、その仕事で認められ、少し大きな仕事を任されるようになる。

自分の価値観が大事、というが、そこを根本的に見直す覚悟が必要だ。このような、行動や結果まで影響する物の見方を「パラダイム」という。「７つの習慣」は、このパラダイムを成功の法則に向けて転換する考え方である。

この習慣が人生を変える！

自分のパラダイムが成功を遠ざけているかもしれない、と認識しよう。

Ch1-4

価値観や物の見方（パラダイム）を転換する

〝パラダイム転換〟を起こせば人生は変わる！

正しいパラダイムは、自分のパラダイムを少し変えるとか、修正するといったことで得られるものではない。劇的にひっくり返すことで、新しい世界が開けてくる。

誤ったパラダイムに固執するとやがて大きな壁にぶつかる

パラダイムとは、世の中の事象を解釈するときに基準となる考え方のこと。社会や文化で共有されているものもあれば、個人ごとに獲得しているものもある。

人は自分の立場で物を見ている。だから、パラダイムがひっくり返ると、世の中の見え方はがらりと変わってくる。同じ出来事に対する解釈も変わる。解釈が変われば、結果が変わる。
次ページにあげた灯台のエピソードは、パラダイム転換の好例だ。自分のパラダイムにこだわりすぎると、ものごとを自分本位でしか見なくなる。その自分本位(主観)こそが、真実への気づきを遠ざけ、やがては障害となって立ちはだかる。

人格向上=成功というパラダイム

パラダイムは徐々に変わることもあれば、一気に変わることもある。いずれにしても、パラダイムが自分の行動や態度の源である、という認識が重要だ。もし自分が望む人生を歩めていないなら、それはパラダイムに問題がある。
では、どんなパラダイムを持つべきか。コヴィーは、原則に基づくパラダイムを持

「人格主義は、**私たちの人生を支配する原則が存在する**という基本的な概念に基づいている。…人間の生活にも自然の法則があるということだ」

——「インサイド・アウト(内から外へ)」*p.29*——

The Character Ethic is based on the fundamental idea that **there are principles that govern human effectiveness** — natural laws in the human dimension...

— Inside-Out p.32 —

絶対的な自分が変化する瞬間とは

ある訓練艦隊の戦艦が霧で視界の悪い夕暮れ、航海をしていると、進路上に光が見えた。そこで艦長は部下に命じた。

「相手の船に対し、信号を出せ。衝突の危険があるため、二〇度針路を変更せよ、と」

すると、相手から返信があった。

「そちらが二〇度針路を変えてください」

艦長は再び命令した。

「私は艦長だ。二〇度針路を変えるように」

「こちらは二等兵。そちらが二〇度針路を変えるよう命令する」

艦長は怒り出し、

「こちらは戦艦だ。二〇度針路を変えろ」と叫んだ。

点滅する光の信号が返ってきた。

「こちらは灯台である」

艦長は、自分の船の針路を変えた。

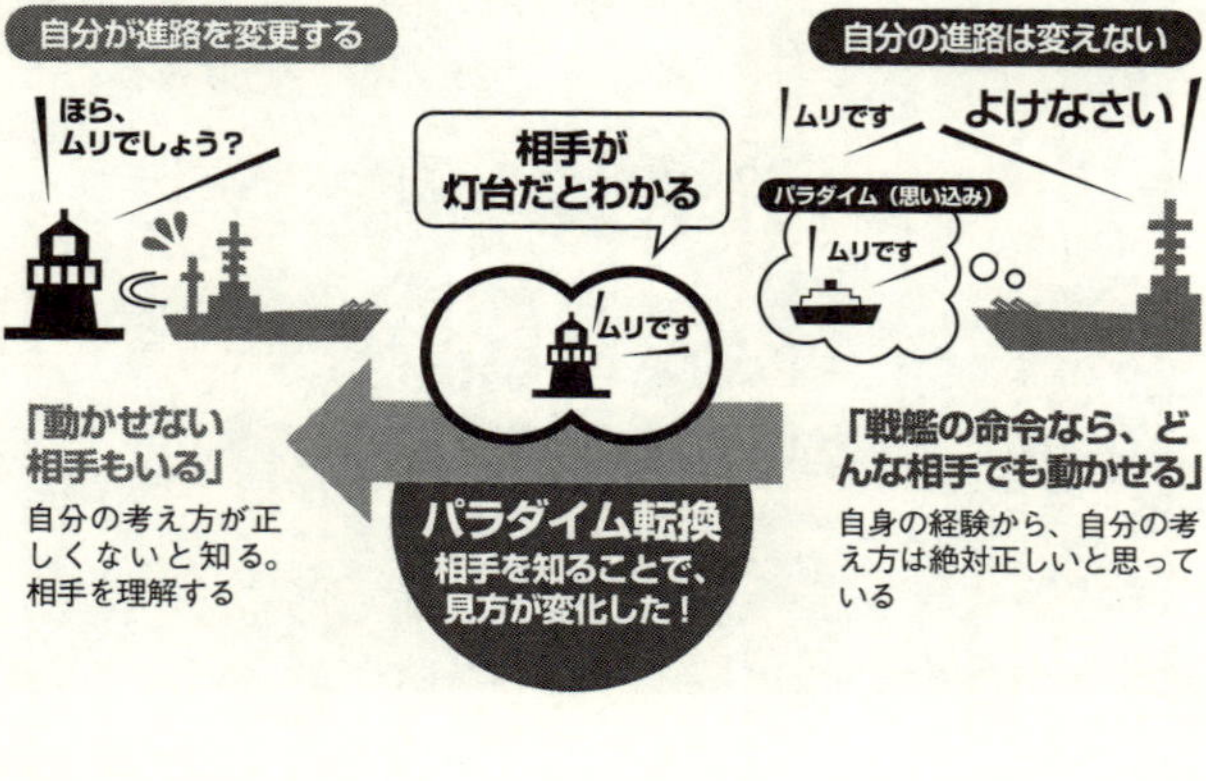
自分の進路は変えない
ムリです
よけなさい
パラダイム（思い込み）
ムリです
「戦艦の命令なら、どんな相手でも動かせる」
自身の経験から、自分の考え方は絶対正しいと思っている
相手が灯台だとわかる
ムリです
パラダイム転換
相手を知ることで、見方が変化した！
自分が進路を変更する
ほら、ムリでしょう？
「動かせない相手もいる」
自分の考え方が正しくないと知る。相手を理解する

つべきだ、と言う。原則とは、人間の資質において、自然の法則と同じく、国や時代を超えて普遍的な正しさを持ち、誰もがその価値を認めるもの。たとえば、公正さ、誠実、貢献、忍耐、勇気、人間の尊厳などがそれだ。これらを原則として行動する習慣が身につけば、テクニックに頼らなくても、人生は正しい方向に開かれていく。

原則は、右のエピソードの灯台のようなものだ。戦艦は初め、間違った思い込み（パラダイム）で進もうとして、誤った進路を選択していた。灯台（原則）に基づく見方（パラダイム）を得たことで、正しい進路を見つけられたのだ。

この習慣が人生を変える！

自然の法則のように原則に基づいたパラダイムを持とう。

Ch1-5

成長には「習慣」という過程が必要

毎日の少しずつの変化が自分を大きく成長させる

「原則に基づくパラダイム」を頭で理解するのは簡単だ。だが、その正しさを実感し、行動に深く結びつけるのには時間がかかる。習慣を通して変わる、という発想が必要だ。

大きく変わるのは誰にとっても難しい

人間は、誠実、公正、勇気などの原則を中心に生きるべきである。これが人格を重視する原則中心のパラダイムだ。こうした資質を持っている人は、職場でも家庭でも、友人関係でも信頼され、頼られ、尊敬されるに違いない。大きな影響力を持ち、大きなことを成し遂げることも可能なはずだ。

そうわかっても、こうした資質を根っこから身につけようとすることは難しい。友だちや家族とケンカをして、自分が悪かったとわかっていても、素直に頭を下げられない人は多い。自分の非を認めることで、自分を変える第一歩にすることは、プライドが許さないからだ。

毎日、練習して人格を磨こう

人はすぐには変われない。成長には本来、時間がかかる。そこには、手順を踏んだプロセス（過程）が必要だ。

テニスやピアノでいきなり難度の高い技術を披露できる人はいない。毎日少しずつ、苦手な部分を練習して克服し、徐々に上達していくのだ。

自分の人格を高めるときも、「毎日、練

「人間の成長過程には、**しかるべき順序とプロセス**がある。…各段階ともそれぞれ大切であり、またそれぞれに時間がかかる。どの段階も飛ばすことはできない」

――「インサイド・アウト（内から外へ）」*p.35*――

In all of life, there are **sequential stages of growth** and development. ... Each step is important and each one takes time. No step can be skipped.

― Inside-Out p.36 ―

よいプロセスを習慣化することで信頼が生まれる

問題

子どもが口ごたえばかりして言うことをきかない

部下に仕事のミスを指摘すると言い訳ばかり

夫が全然家事を手伝ってくれない

真の問題は信頼関係を築けていないこと（＝自分が変わる必要がある）。すぐ結果を出そうとしてはならない

ダメな解決策の例：罰を与えて言うことをきかせる／頭ごなしにどなりつける／自分の大変さを強調して文句を言う（感情的なときは「押しつけ」↔「拒否」になりやすい）

自分を変えていく「プロセス」を探る

↓

プロセス

なぜ問題が起こったのかを理解する → 相手にも意見を聞く → 少しずつ行動を変える

自分の行動を改善する練習を通して、問題解決を目指す

↓

習慣化

このプロセスを習慣化させることで、周囲と深い信頼関係が築かれる

・自分を理解してくれる、話を聞いてくれると感じ、言うことをきくようになる

・この人の言うことだったらしっかりやろう、とやる気を出してくれる

・この人なら後からちゃんとフォローしてくれる、と嫌なこともやるようになる

習する」という考え方をしてみよう。

　たとえば、友だちや家族に照れくさくてお礼が言えない、という人は、「どうも」から始めてみよう。慣れてきたら「ありがとう」「どうもありがとう」ときちんとお礼を言うようにすればいい。やがてその習慣は、「感謝を表すことは人生を豊かにする」真実を教えてくれるだろう。

　人格の成長について、結果をすぐに求めることはできない。自分の人格の問題点を少しずつ、練習（習慣）を通して解消していく心構えが必要だ。少しずつ慣れて、その行動が当たり前になれば、それがあなたそのものになる。

この習慣が人生を変える！

自分の人格を高めるために、そのための行動を「習慣」にしよう。

Ch1-6

即効性のある解決を求める考え方こそ「問題」

「コツを知りたい」とは成功者は考えない

「問題解決の方法を知りたい」という発想自体、ピントがずれている、とコヴィーは言う。手っ取り早く効果を求める効率主義は、自分の、そして他人の成長も妨げる。

表面的な問題解決はより深刻な形で再発する

仕事でも家庭でも友人関係でも、成功者に学び、助言を求めようとする人は多い。そんな人は、決まって「私は○○で困っています。どうすればいいのですか。コツを教えてくれませんか」と質問する。

コヴィーに言わせれば、この発想がそもそも間違っている。この質問は「目の前の問題を解決する、手っ取り早い応急処置を教えてほしい」と言うに等しい。
アドバイスをくれる人はいるだろう。だが、教えてもらえるのはテクニックにすぎない。短期的に事態は収まるかもしれないが、根本的な解決にはならない。やがて、より深刻な事態が再発する。
風邪をひきやすい、という人に症状を抑える薬を与えることは簡単だ。だが、普段から栄養に気をつけたり、体を鍛えたりして風邪をひかない体を作ることこそが、根本的な解決のはずだ。

まず「自分に問題はないか」と問う

問題に対して、即効性のある解決策を求める人は、その問題の見方自体が問題だ。そういう人は、相手の行動という見た目の

「**効率を上げること**が、本当に問題の根本的な解決になるのだろうか。より少ない時間でより多くのことを成し遂げるだけで、本当に生活が良くなるのだろうか」

——「インサイド・アウト（内から外へ）」*p.43*——

...is there a chance that **efficiency** is not the answer? Is getting more things done in less time going to make a difference...?

— Inside-Out p.41 —

人間関係はテクニックに頼るな！

現象にとらわれて、「だから相手が悪い」と考えやすい。

そんな人は、部下や後輩が思い通りに動かないとき、すぐに相手の能力のせいにする。モチベーションを上げる方法や、システムを変えて効率を上げる方法などをほしがる。だが、相手は上司・先輩であるその人を尊敬できないから本気になれないのかもしれない。

人間関係で表面的な、テクニックに頼った問題解決を求める人は、相手の心情を無視し、人を物や道具として見ている。

問題を解決したいなら、むしろ、「自分に問題はなかっただろうか」と疑おう。これが人格主義に基づく考え方だ。

この習慣が人生を変える！

表面的な問題にとらわれることこそ問題。「自分に問題はないか」といつも問おう。

Ch1-7

自分が変わることでしか環境は変わらない

「インサイド・アウト」という考え方

「7つの習慣」の大前提にある考え方として非常に重要なのが、ここで紹介する「インサイド・アウト」という姿勢だ。それは「まず自分が変わる」という発想だ。

環境や他人を直接変えることはできない

前節では、自分に降りかかる問題を環境や周囲の人のせいにして「問題解決のためには、彼らが変わる必要がある。そのためのテクニックが必要だ」と考えることの問題点について触れた。

このような考え方を、コヴィーは「アウトサイド・イン（外から内へ）」と呼ぶ。

自分の外側（環境・他人）が変わることで、よい結果を得ようとする考え方だ。

このような考え方をする人は、基本的に他責的で、被害者意識に満ちている。「教え方が悪いから成績が悪い」「上司がバカだから自分も成果が出ない」「周りに見る目がないから、自分の才能が開花しない」という考え方だ。

自分は変わりたくない。周りが変われば、結果は出るはず。そのために、人を動かすテクニックがほしい――。

しかし、人や環境を思い通りに変えることなど、誰にもできはしない。現に、あなたはあなたの考えで行動しているはずだ。誰かに思い通りに操られ、行動させられているわけではない。

「インサイド・アウトとは、**自分自身の内面（インサイド）を変えることから始めるということ**であり、自分自身の根本的なパラダイム、人格、動機などを変えることから始めるということである」

――「インサイド・アウト（内から外へ）」*p.45*――

"Inside-out" means **to start first with self**; even more fundamentally, to start with the most inside part of self—with your paradigms, your character, and your motives.

— Inside-Out p.42 —

まず自分が行動し、周りに働きかける

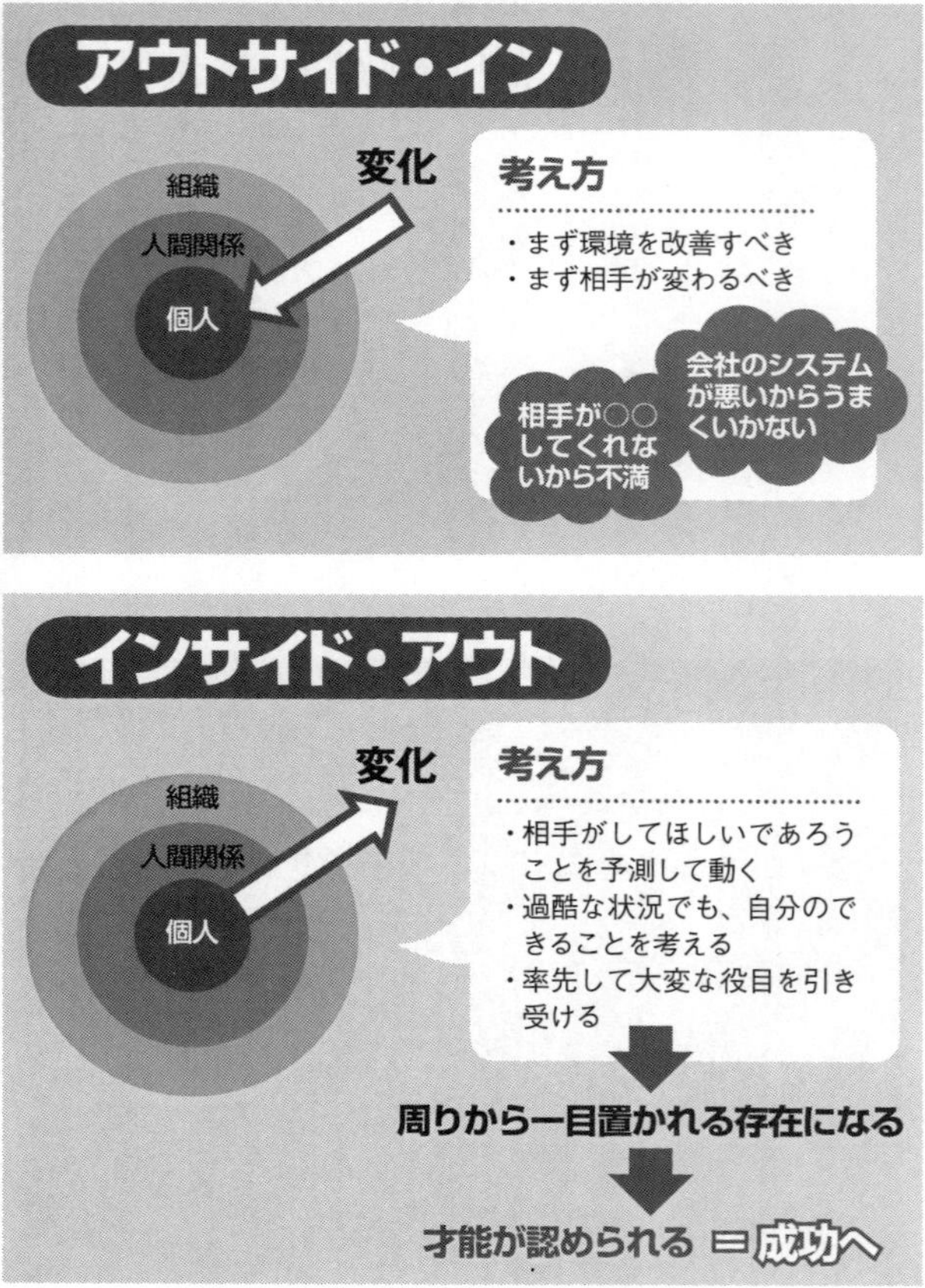
アウトサイド・イン
組織
人間関係
個人
変化
考え方
・まず環境を改善すべき
・まず相手が変わるべき
相手が○○してくれないから不満
会社のシステムが悪いからうまくいかない
インサイド・アウト
組織
人間関係
個人
変化
考え方
・相手がしてほしいであろうことを予測して動く
・過酷な状況でも、自分のできることを考える
・率先して大変な役目を引き受ける
周りから一目置かれる存在になる
才能が認められる ＝ 成功へ

自分を変えられるのは自分しかいない

自分を変えられるのは、自分自身だけだ。いつまでも周囲の変化を待っているだけでは、何も生まれない。

「教師の教え方が悪い」とグチっても、成績が悪くて損をするのは自分だ。自分で勉強してよい点を取れば、その教師は目をかけて、熱心に教えてくれるようになるかもしれない。「上司が自分を正しく評価していない」と思うなら、行動し、結果を出し、認めさせるしかない。

自分が変わることで人が変わり、環境が変わり、よい結果が出る。そういう認識が大切だ。この考え方を、「インサイド・アウト（内から外へ）」という。

この習慣が人生を変える！

自分が変わらなければ、周りは変わらない。インサイド・アウトの発想になろう。

Ch1-8

「正しさ」を習慣にするために必要なもの

新しい習慣は知識、スキル、やる気で身につく

「正しい」とわかっているだけでは、人はその行動を習慣にすることはできない。人がある行動を習慣として身につけるには、どんな条件が必要なのか。

行動を習慣にするための3つの要素とは

「7つの習慣」とは、日々、習慣として実践することで人生を変えていける行動のアドバイスだ。だが、「この行動は重要だ」と言われたからといって、すぐにそれが習慣として身につくわけはない。

コヴィーによれば、人がある行動を習慣として身につけるには、「知識」(なぜ必要か、

何をするか)、「スキル」(どのようにするか)、「やる気」(習慣にしたい、という思い)の3要素が必要だ。

歯磨きを例に考えてみよう。①「虫歯は印象が悪いし、多くの病気を引き起こす。だから歯磨きが必要」という知識。②「歯ブラシや歯磨き粉の使い方を体得している」というスキル。③「歯磨きはメリットが多いから続ける」というやる気。この3要素があって初めて歯磨きの習慣が形成される。歯磨きをサボってしまう人は、これらのどれかが欠けているのだ。虫歯のつらさを思い出すために症例をインターネットで探したり、正しいブラッシングをおさらいしたりして、欠けている部分を補う工夫が必要になってくる。

「習慣は、知識とスキルとやる気という三つの要素からなっている。…生活の中で習慣を確立するためには、**この三つの要素がどれも必要**である」

——「人生の扉を開く『7つの習慣』」*p.52*——

For our purpose, we will define a habit as the intersection of knowledge, skill, and desire. ... In order to make something a habit in our lives, **we have to have all three.**

— The Seven Habits — An Overview p.47 —

習慣は3つの要素から成り立っている

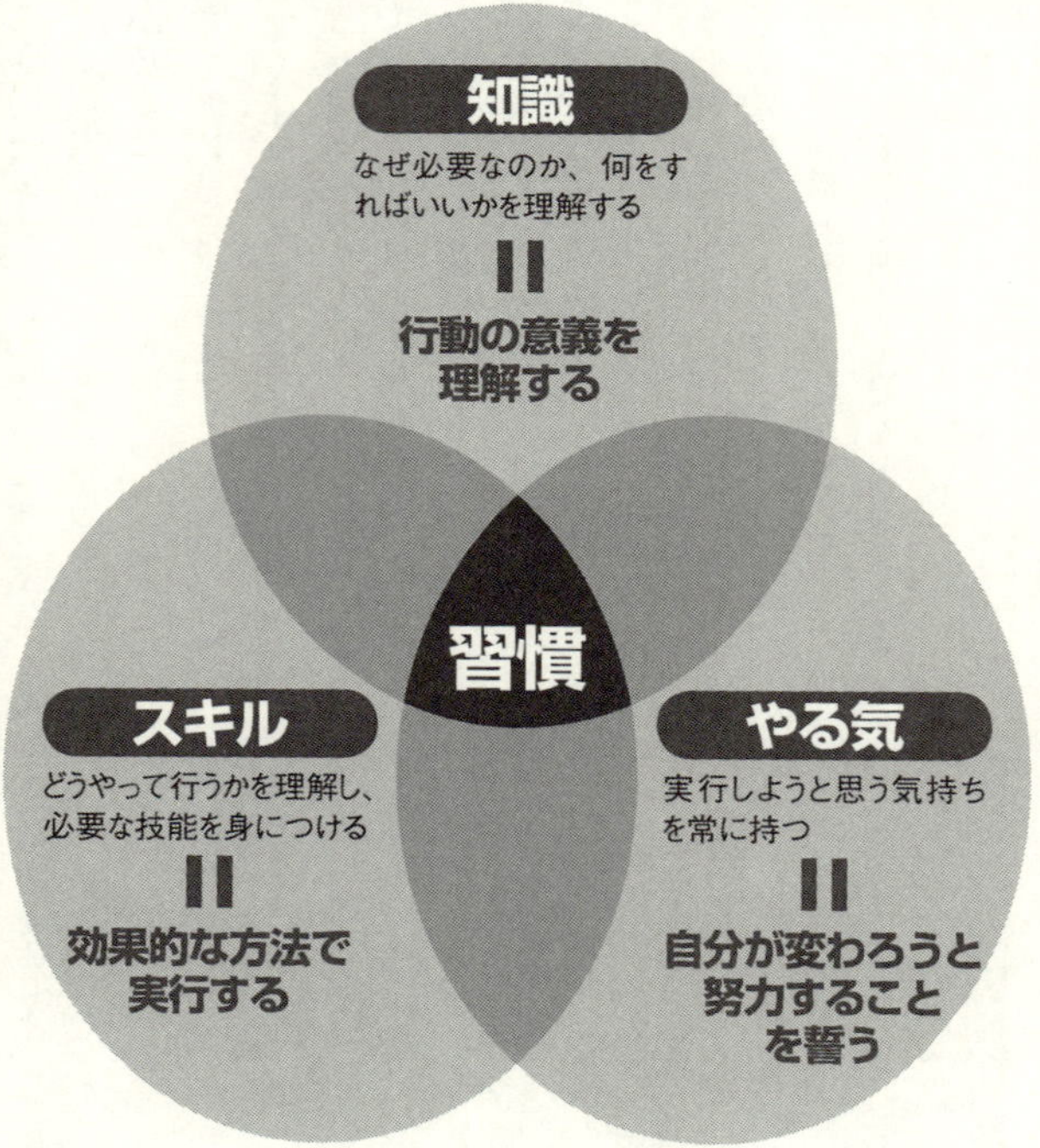
知識
なぜ必要なのか、何をすればいいかを理解する
＝
行動の意義を理解する
習慣
スキル
どうやって行うかを理解し、必要な技能を身につける
＝
効果的な方法で実行する
やる気
実行しようと思う気持ちを常に持つ
＝
自分が変わろうと努力することを誓う

すべて合わさって習慣になる

うわべだけをまねても「7つの習慣」は身につかない

人格を向上させる「7つの習慣」も同様だ。うわべの行動だけをまねても、それを習慣として身につけることはできない。必要性や具体的な行動をしっかりと理解し、心底「やりたい」という気持ちがなければ、その努力は無意味だ。

たとえば、第5の習慣は、人の話に耳を傾けることの重要性を説く。だが、なぜそれが必要なのかの知識がなければ、「聞く力」は身につかない。正しい「聞き方」（スキル）を持っていなければ、実際に聞くこともできない。

習慣を身につけるには、知識やスキルを理解するという側面も重要なのだ。

この習慣が人生を変える！

知識、スキル、やる気。習慣を育成するには3つの要素が必要、とまず知ろう。

Ch1-9

「7つの習慣」がもたらすもの

精神的に成熟し真の「大人」になる

「7つの習慣」の実践は、私たちに上向きのらせんの循環をもたらしてくれる。少しずつ人間的に成長することで、一歩ずつ自立し、周りからの信頼を集めていくのだ。

7つの習慣によって真に独立した人間になれる

「7つの習慣」は、具体的には、次のような習慣のことだ。

・第1の習慣：主体性を発揮する
・第2の習慣：目的を持って始める
・第3の習慣：重要事項を優先する

・第4の習慣：Ｗｉｎ－Ｗｉｎを考える
・第5の習慣：理解してから理解される
・第6の習慣：相乗効果を発揮する
・第7の習慣：刃を研ぐ

これらを行動原理として生活することが、人生を成功させるためには重要だ、とコヴィーは説く。

「7つの習慣」を通して得られるのは、ひとことで言えば、人間の成長である。

その人間像を表せば、肉体的、経済的、知的、精神的に自立し、自分のことは自分でやり、自己決定ができる、独立した人間、ということになる。

依存せずに人と協力できる

「7つの習慣」を身につけた人物は、何かを決めるとき、人に依存しない。自立した

「真の自立を達成することにより、周りの状況に左右されるのではなく、逆に**周りの状況に作用を及ぼすことができる**ようになる」

――「人生の扉を開く『7つの習慣』」*p.58*――

True independence of character **empowers us to act** rather than be acted upon.

— The Seven Habits — An Overview p.50 —

真の自立はほど遠い!?

どうしよう～？
ストロベリーも
いいけど、
ミントチョコも
捨てがたい…
でも…マンゴーも
魅力的だし…
うーん
アイスに目がない海
いい加減、
決めろよ…
何分悩んでいるんだよー
意外に短気な愁平
じゃあ…
愁平、
決めてよー
あと…200円貸して!!
そんなこと、
自分で決めろよ！
200円ぐらいないのかよ!!
はっ
そっか…
そうよね！
これも
私の自立
なのよね！
精神的にも
経済的にも…
ぽんっ
お金ちゃんと返せよ!!
いや、そんな
大げさな
ものでは…

判断をし、行動できる。状況に影響されず、影響を与える側に立つことができる。いつも一貫しているから、周囲から信頼される。一目も二目も置かれる大きな人間に成長できるのだ。

だが、それだけではない。

「7つの習慣」を実践する人は、人間関係において、相手のことを思いやり、理解し、力を合わせて大きな成果をあげることもできるようになる。

現代社会では「自立」こそが人間にとって一番重要、と考えられがちだ。だが、幸せな人間関係の中で大きな成果をあげるには、高いレベルで人に頼れる人間性を持つことも大切なのだ。

「7つの習慣」は、周囲の人とともに成功を分かち合うための習慣なのだ。

この習慣が人生を変える！

7つの習慣を実践すれば、自立した人格として、周囲を成功に導く人になれる。

Ch1-10

私的成功・公的成功とは何か？

人生には「公」と「私」、2つの成功がある

コヴィーは、「7つの習慣」は「私的成功」と「公的成功」を得るための原則である、とも言う。前節の内容をさらに詳しく読み解いて、その真意を理解しよう。

真の自立を手にすることはそれだけで大きな成功だ

コヴィーは、「7つの習慣」を76ページの図のように「1、2、3／4、5、6／7」に分けている。

人間はもともと、生まれたときは誰かに依存した存在である。それが成長するにつれ、自立した存在になる。だが、その「自立」とは名ばかりのことが多い。62ページ

で解説したように、「アウトサイド・イン」の考え方から抜けきれず、何でも人のせいにして、周囲の変化を待っている人は、いくら働いて自活していても、「自立した人」とは言えない。

本当の意味での自立に至るには、甘えたい自分を乗り越え、節制し、自制することが必要になってくる。それができたら、とても大きな成功となる。だからコヴィーは真の自立を手に入れることを「私的成功」という。そのために必要な習慣が第1、第2、第3の習慣だ。

高いレベルの依存関係を得る

自立した人間は、周囲によい影響を与えるコミュニケーションができるから、人と関わり、協働し、よいチームワークを持て

「**私的成功は必ず公的成功に先立つ**ものであり、種を蒔く前に収穫することができないのと同じように、このプロセスを逆にすることは絶対にできない」

——「人生の扉を開く『7つの習慣』」*p.60*——

Private victories precede public victories. You can't invert that process anymore than you can harvest a crop before you plant it.

— The Seven Habits — An Overview p.51 —

7つの習慣は成長の連続体である

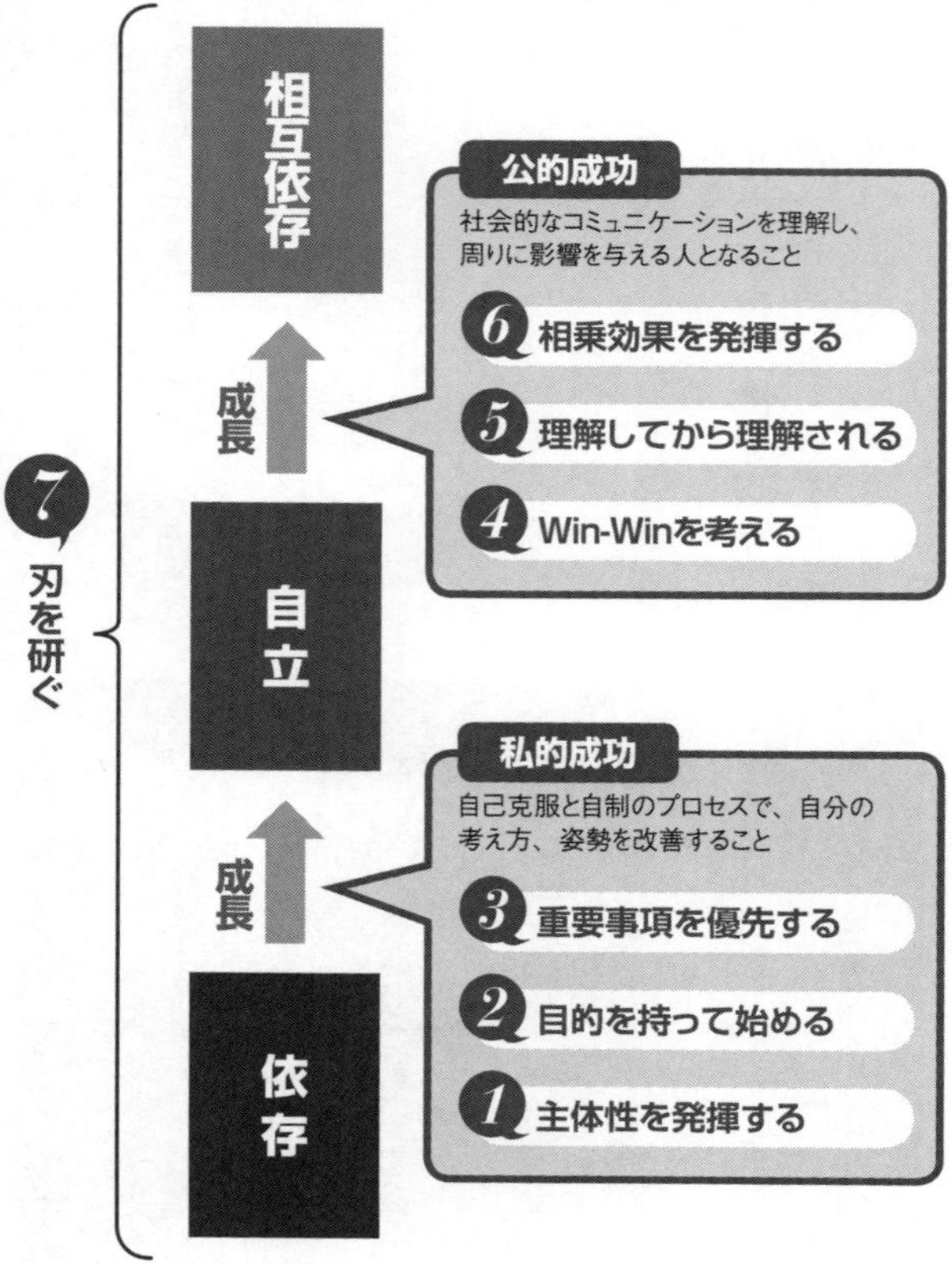
相互依存
成長
自立
成長
依存
公的成功
社会的なコミュニケーションを理解し、周りに影響を与える人となること
6 相乗効果を発揮する
5 理解してから理解される
4 Win-Winを考える
私的成功
自己克服と自制のプロセスで、自分の考え方、姿勢を改善すること
3 重要事項を優先する
2 目的を持って始める
1 主体性を発揮する
7 刃を研ぐ

る。これをコヴィーは「公的成功」と呼ぶ。自立した人間同士は、成熟した大人同士の相互依存の関係を作り、大きな成果を生むことができる。そのために必要なのが第4、第5、第6の習慣だ。

こうした習慣を通して高めた自分を肉体、精神、知性、社会・情緒の面から磨き上げていくプロセスが第7の習慣だ。

私的成功を得られていない人が公的成功を得ることはできない。すぐに仕事などで結果がほしいからといって、自立していない人が第4、第5、第6の習慣から始めても効果は薄い。

まずは、ブレない自分を作ることが大切だ。これは第2章で解説しよう。

この習慣が人生を変える！

まずは「私的成功」を目指そう。それが「人生を変える」ための出発点だ。

Column 2

それぞれの習慣の関係性とは？

「7つの習慣」は人間を連続した成長に導く！

「7つの習慣」とは、人間が成長するために大切な7つの心がけを体系化した思想だ。それらは、それぞれ次ページの図のような関係になっている。

図の一番下には「依存」とある。人間は、赤ん坊として生まれたときは、誰かに依存しなければ生きていけない。成長すれば、そこから「自立」の段階に向かうのだが、本当に自立した人間になるために役立つのが第1、第2、第3の習慣だ。このように真に自立した人間になることを「私的成功」という。

自立した人間は、お互いを尊重し合い、違いを認めながら、お互いの力を借りるというハイレベルな依存関係を作ることができる。これが「相互依存」という、社会で生きる人間としての理想型だ。そこに到達するために役立つのが、第4、第5、第6の習慣。人間関係の中で立派に活躍するこの状態が「公的成功」だ。

そして、知力や体力など、人間としての土壌を育て、外枠を広げていくために大切なのが「第7の習慣」である。

「7つの習慣」は、いずれも他の習慣と影響し合っていて、ひとつを伸ばせば他も伸びる、ひとつがダメになれば他もダメになる。本書で「7つの習慣」について学びながら、ときどきこの図に戻って、より一層理解を深めよう。

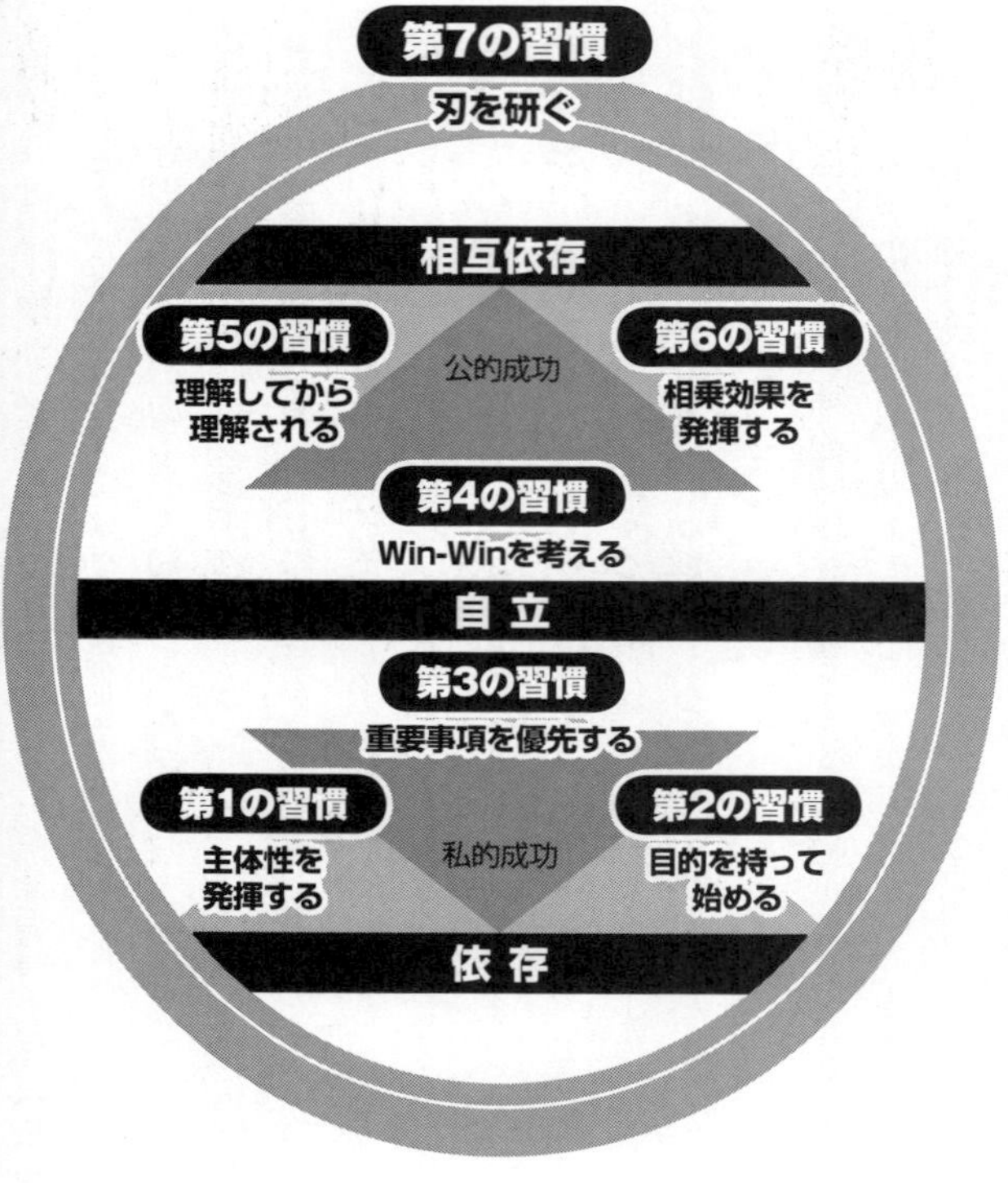
第7の習慣
刃を研ぐ
相互依存
第5の習慣
理解してから
理解される
公的成功
第6の習慣
相乗効果を
発揮する
第4の習慣
Win-Winを考える
自 立
第3の習慣
重要事項を優先する
第1の習慣
主体性を
発揮する
私的成功
第2の習慣
目的を持って
始める
依 存

第2章

自分で考え、行動する本当の〝大人〟になる

——自立を手に入れる第1、第2、第3の習慣——

「7つの習慣」をひとつずつ見ていこう。ここでは、第1、第2、第3の習慣について整理した。コヴィーはこの3つの習慣は「私的成功」のために必要だ、という。本当の意味で自立した人間へと成長する。これも人生の中で、とても大きな成功なのだ。

直接的、間接的、あるいは全くコントロールできない
問題のいずれにせよ、その解決の第一歩は
私たちの手に委ねられている。

——「第一の習慣　主体性を発揮する」p.109——

まんがでわかる「第1、第2、第3の習慣」

目的を持って主体的に行動する

※このまんがはフィクションです。登場する人物、団体名などはすべて架空のものです。
※まんが内のセリフ等で、文字が太くなっている内容は、コヴィー氏の「7つの習慣」の代表的なエッセンスです。

Cut
愁平の兄の陽平です。七海ちゃん…だっけ？
話は聞いているよ。店、手伝ってくれるんだって？
榊 陽平（26歳）
愁平の兄。美容師として独立し、現在は地元に店を構える。
受付の子が辞めてね。ちょうど人手がほしかったんだ
愁平にもたまに店番させているからわからないことはアイツに聞くといいよ
オレでもいいけどね
しばらくは雑用ばかり頼んじゃうけどよろしくね
サッ
サッ
……
集めた髪の毛
働くって意外に楽しいわね
チョキ
チョキ

もう少しで終わりますよ
ひょこっ
美容師ってどんな仕事か知ってる？
！
しっ失礼ね！それぐらい知っているわよ 髪を切ったりパーマをかけたりカラーリングしたり、…
まぁ…そうなんだけど、兄貴は美容師の仕事をそれだけだとは思ってないんだぜ
？
どういうこと？
髪をきれいにするって特別だろ？そんなお客さんの〝特別〟をお手伝いしている自分がいて
お客さんが幸せな顔をして帰ってくれるように…って思って仕事してるんだって
〝目的を持っ習慣ってやつ？〟
お客さんの魅力を気づかせてあげたり、最大限引き出すようにしてあげたり…
カットする間もお客さんに楽しい時間を過ごしてもらうよう気を配っている

まぁ…やっていることは当たり前のことなんだけど…
でも…そういう気持ちがお客さんにも伝わるのかな…
もちろん全員ってわけじゃないだろうけど
兄貴にカットしてもらったお客さんはみんな…
素敵な笑顔で帰っていくんだ
なっ？
…本当だわ
——あの人…
自分のやりたいことの本質をちゃんとわかっていて実現しているんだ

素敵ね…あなたのお兄さん
だろーっ!?
…って
庶民だけど
えっ!?
ぎょっ
片づけてこよー
どういう意味なんだい？七海さん…
七海ちゃん
は…
い…？
その庶民の女の子は…もしかしてお兄さんの…
お兄さんの子ども？
違う違う！
この子はお客さまのお子さんでね
悪いんだけどこの子のお母さんのカットが終わるまで面倒を見ててくれないかな？

絶対無理っ!…です
私、子どもと相性が悪くて…
子守りとか無理です。絶対!! …泣かれちゃうに決まってるんです
大丈夫だよ!
相性がいいとか悪いとかじゃなくてさ…
キミの接し方次第でうまくいくと思うよ
無理って決めつけることないんじゃない!?
!
あっ…
物の見方だったり言動だったり…
考え方や行動を変えるだけでだいぶ違うと思うぜ
そういえば…アイツも同じようなこと言って…
それに…
最初から無理と決めつけたらできるものもできなくなるだろう?
ずずい
……うっ!

確かに私は…
いつも「できない」「無理」って最初から決めつけて…
今まで何もしてこなかったかもしれない…
〝変わる〟って決めたんだもの
ぐっ
今までと同じじゃダメなのよ…！
それから…人と接するときは自分のペースじゃなくて
相手のペースで接してみるといいよ
相手が上手にできなくても、子どもだと思えば…
腹も立たないだろ？
くすっ
でも、…そうですね
すっ
そう、たとえば…
子どもと話すときは相手が子どもだって意識して話すようにしてみるとかね
自分が変わる事も大切ってこと!!
はっはっはー
この人、実は子どもが苦手とか…!?
この子の子守り、やらせてください

うわぁー
あわわ
七海が子どもの面倒、見てるよ…
珍しいこともあるもんだ！貴重な光景だな
主体性が出てきてるし…
はー
お前よりうまいなー。ちゃんと〝お姉さん〟してるよ
上手上手♪
根が素直なんだな
……
兄貴さぁーさっきアイツと話してたけど…
むす
何かアドバイスしてあげたとか…？
……
いいや…たいしたことは言ってないよ
オレじゃなくて…お前が彼女を変えたんじゃないか？

Ch2-1

第1の習慣／主体性を発揮する①

「なぜ、こうしたか」を自覚する

何でも周囲のせいにする人は「所詮、世の中は変わらない」と考えている。だが、それは違う。行動に対する意識を変えれば、世界の見え方は変わってくる。

「環境が自分を作った」と考えるのは大きな誤解

人は、自分の性格や行動の原因を自分の外に求め、決めつけてしまいがちだ。

たとえば、「上司、妻、住宅環境や経済状況」など、自分を取り巻く環境が自分の行動を決めていると考える人は多い。

「いつも両親に怒られて育ったので、自分に自信がない」とか「男兄弟だけで男子校出身だったから女性が苦手」とか、育ちや過去の体験が性格を決めた、という人もいる。「祖父や父は社交的でなかった。だから私も社交的じゃないんだ」などと、血筋を理由にする人もいる。

確かに人間も動物だから、環境からの刺激に対して、特定の反応をしてしまうことはある。だがその反応を繰り返し、慣れ、当たり前と思ってはダメだ。人間には自覚する、という優れた能力がある。

自分の人生を生きるためには、まず、環境に流されることをやめよう。

行動の「選択」を意識する

たとえば、朝出社したら、自分の机に高級チョコレートが置いてあったとしよう。甘い物が好きな人なら、思わず手を伸ばす

「刺激と反応の間に人間だけに与えられた素晴らしい力が存在している。それが**反応を選択する能力**なのである」

――「第一の習慣　主体性を発揮する」*p.85*――

Between stimulus and response is our(=human) greatest power — **the freedom to choose**.

— Habit 1 Be Proactive p.70 —

自覚して行動を選択する

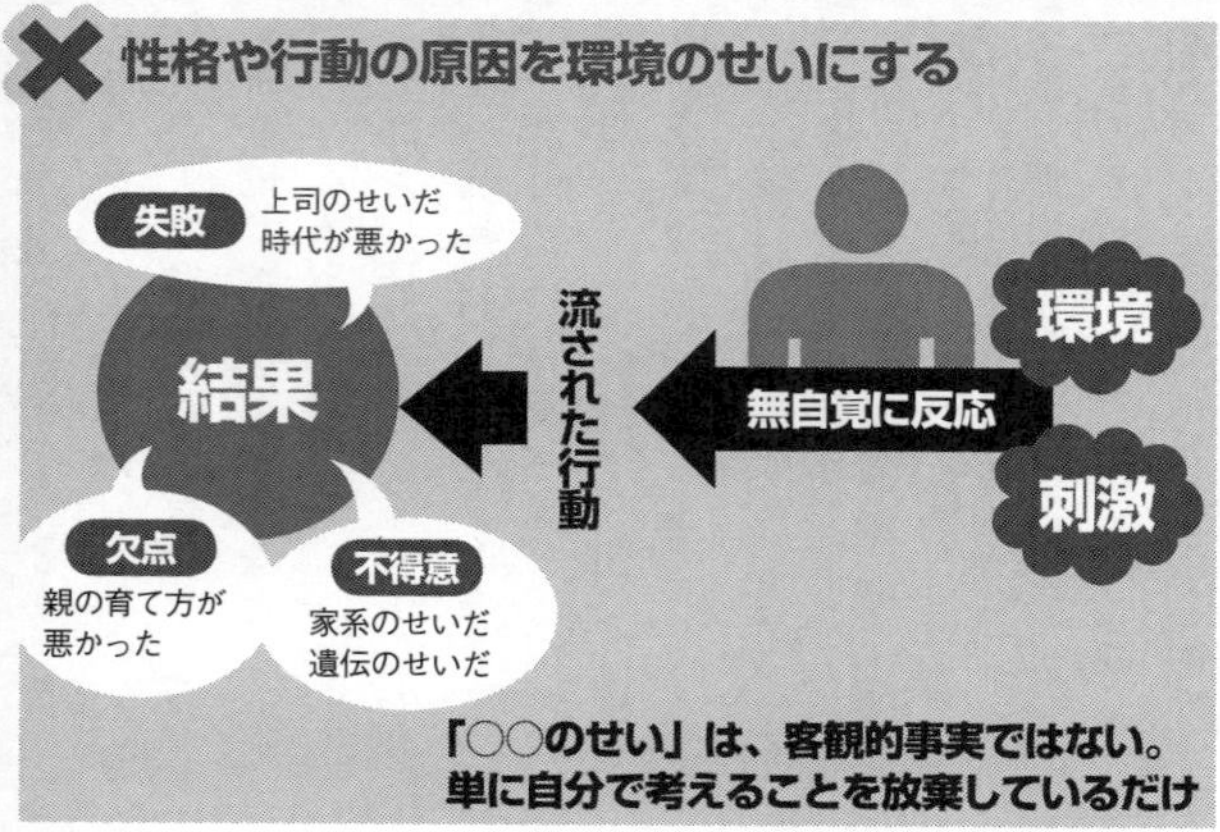
性格や行動の原因を環境のせいにする
失敗
上司のせいだ
時代が悪かった
結果
流された行動
無自覚に反応
環境
刺激
欠点
親の育て方が
悪かった
不得意
家系のせいだ
遺伝のせいだ
「○○のせい」は、客観的事実ではない。
単に自分で考えることを放棄しているだけ

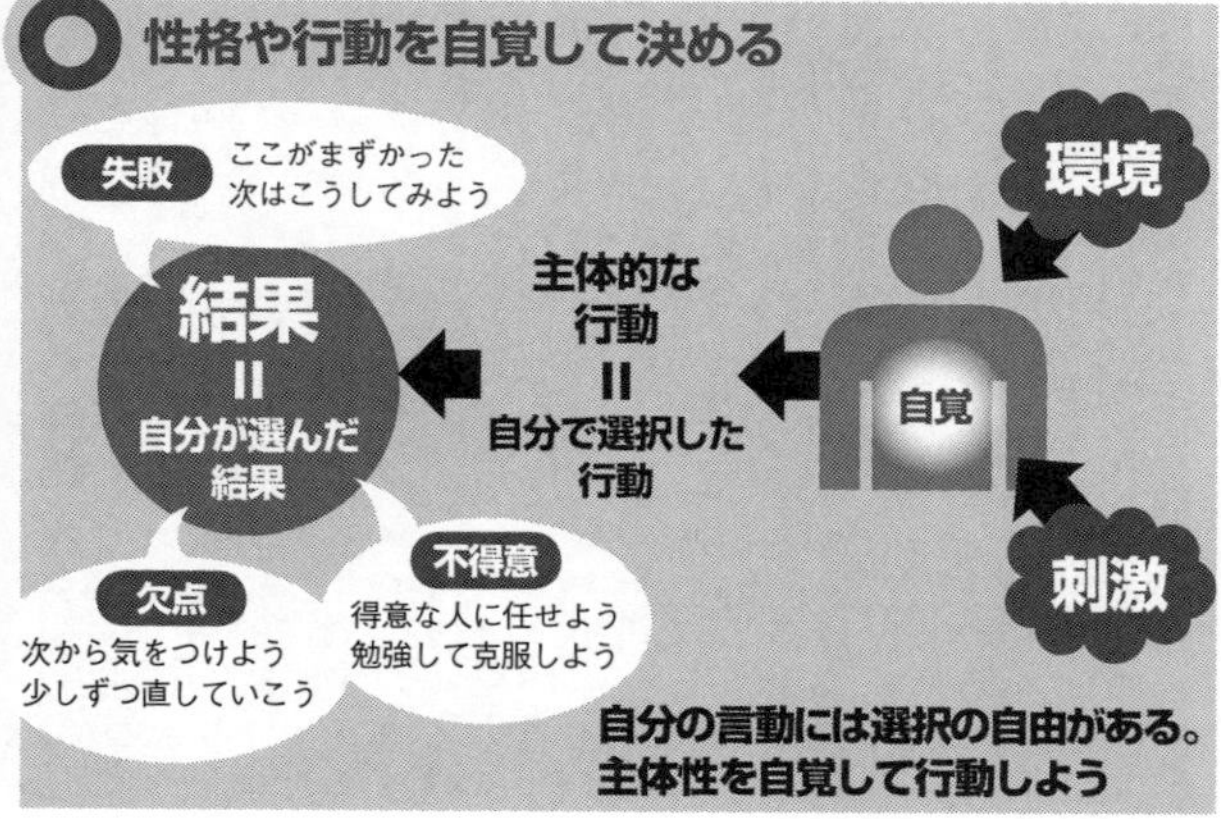
性格や行動を自覚して決める
失敗
ここがまずかった
次はこうしてみよう
結果
=
自分が選んだ
結果
主体的な
行動
=
自分で選択した
行動
自覚
環境
刺激
欠点
次から気をつけよう
少しずつ直していこう
不得意
得意な人に任せよう
勉強して克服しよう
自分の言動には選択の自由がある。
主体性を自覚して行動しよう

かもしれない。だが、もしダイエット中だったらどうだろう。あるいは、遅刻をしてそれどころではなかったら？　チョコレート（刺激）を見た後の行動（反応）は、当然、変わってくるはずだ。

つまり、人は本来、自分の状況や方針を踏まえて、与えられた刺激に対する行動を客観的に決めることができる存在なのだ。これが「自覚」の力である。後節で詳しく説明していくが、これは自分を取り巻く環境に対しても本質的には同じ。

私たちは自覚して行動を変えることができる。まずそのことを理解しよう。それだけで、毎日のささいな行動に感じられる意義の大きさは変わってくるはずだ。

この習慣が人生を変える！

状況に対し、自覚的に行動を選ぶ。それだけで日々の行動の意義が変わる。

Ch2-2

第１の習慣／主体性を発揮する②

自分のやり方が変われば相手も変わる

第１の習慣「主体性を発揮する」とは、率先して行動し、取り巻く環境へ働きかける人間になること。「自分の」行動をとること。それは、人生に責任をとることでもある。

他人や環境のせいにする人は人生の責任を放棄している

第１の習慣は「主体性を発揮する」。では「主体性」とは何か。コヴィーはこれを「人間として自分の人生に対する責任をとること」と定義する。自分の人生の主役は自分であり、どんな人生にするのかを決めるのは自分、ということだ。

だが、嫌なことがあると、すぐ他人のせいにする人は多い。彼らの心にはいつも「悪いのは自分じゃない」という気持ちがある。仕事のミスも、異性にフラれるのも、他人のせい、周りのせい。中には星座や血液型のせいにする人もいる。

だが、そもそも他人や環境を思い通りに変えることはできない。変えられるのはただひとつ、自分自身だけ。なのに彼らは、あたかも他人が思い通りに動かなかったせいで、嫌な目にあったように言う。こういう考え方は、単なる責任の放棄だ。事前に何かできたはずなのに、そのことから目をそむけているのだ。

率先して作用するようにする

うまくいかないことがあっても、流されて行動するのはよくない。自分自身で取り巻く状況を率先して変えるように意識しよ

「主体性を持つということは率先力を発揮するだけではなく、人間として**自分の人生に対する責任をとる**ということである」

――「第一の習慣　主体性を発揮する」*p.86*――

It(=proactivity) means more than merely taking initiative. It means that as human beings, we are **responsible for our own lives**.

― Habit 1 Be Proactive p.71 ―

「自分で○○する」と置き換えてみる

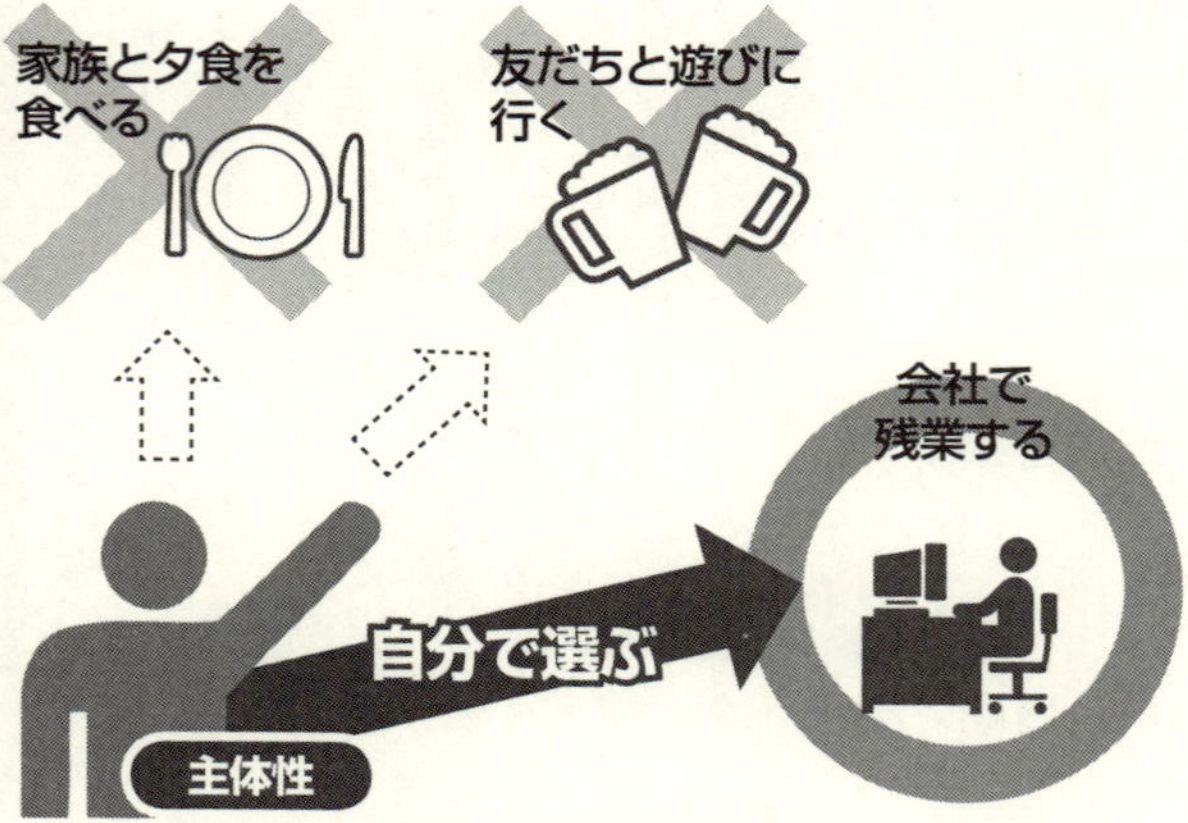
家族と夕食を食べる
友だちと遊びに行く
会社で残業する
自分で選ぶ
主体性

会社のせいでも上司のせいでもなく、自分が必要だと思うので、残業をする。友だちや家族に言い訳せず、自分で週末に埋め合わせをする

主体性がない人の選ぶ言葉	主体性を持つには…
生まれつきだから仕方ない／どうしようもない	他の方法・他の材料がないか考えることを選ぶ
○○のせいでしなくてはならない／するしかない	そうすることに決めた／私は○○する、と言い換える
あなたがもっと優しかったら	まず自分が相手を肯定し、優しく接する

う。それが相手や環境を変えることにつながっていく。

たとえば、妻の料理に不満を持つ夫がいるとする。食事のたびに「もっとごちそうを出してよ」と言えば、料理はおいしくなるだろうか？　むしろ夫は、「自分の行動が妻にどんな影響を及ぼすか」を考えた方がいい。感謝の言葉を述べたり、食事の感想をひと言添えてみたりする。妻がうれしく感じれば、少しずつ料理に手間をかけるようになるはずだ。

一時的な状況や感情に左右されて行動せず、自分の行動を自分の選択によって決める。その影響で人も結果も変わるのだ。

この習慣が人生を変える！

変えられるのは自分だけ。自分が変われば人も環境も変わっていく。

Ch2-3

第1の習慣／主体性を発揮する③

自分の「影響の輪」がどこまでかを意識する

自分を変え、人や周囲を変えていくために、コヴィーは「影響の輪」を意識せよ、という。これは、「自分ができること」の範囲を正確に把握することでもある。

主体性の度合いをイメージする影響の輪

主体的に行動するために必要なのは、「自分の行動が周りにどんな影響を与えるのか」をきちんと理解することだ。

そこで役立つ考え方が「関心の輪」と「影響の輪」（102ページ下図）。関心の輪とは、自分の関心の範囲のこと。影響の輪は関心があるものの中で、自分が直接影響できる範囲のこと。ある事柄が影響の輪に入るかどうかは、立場による。たとえば、一般の人は、特定のプロ野球チームに関心があっても、勝敗に大きな影響は与えられない。だが、監督や選手なら話は別だ。

当たり前に聞こえるかもしれない。けれども、仕事などになると、自分ではどうにもならないこと（影響の輪の外にあること）に思いわずらっている人が実に多い。これは時間やエネルギーのムダだ。

影響の輪は自分で広げていける

ただし、影響の輪は自分で広げていくこともできる。主体的に行動する、つまり、自分で意識して行動を選択し、周囲に働きかけていくことで、自分の影響力が少しずつ大きくなっていくからだ。

「私たちには、反応を選択する能力がある。自分の人生をコントロールし、**自分のあり方や人格そのものに集中することにより**、自分の周りの状況に大きく作用を及ぼすことができる…」

――「第一の習慣　主体性を発揮する」*p.115*――

... we are responsible —"response-able"— to control our lives and to powerfully influence our circumstances **by working on be, on what we are**.

— Habit 1 Be Proactive p.89 —

どうにもならないことで悩んでもムダ

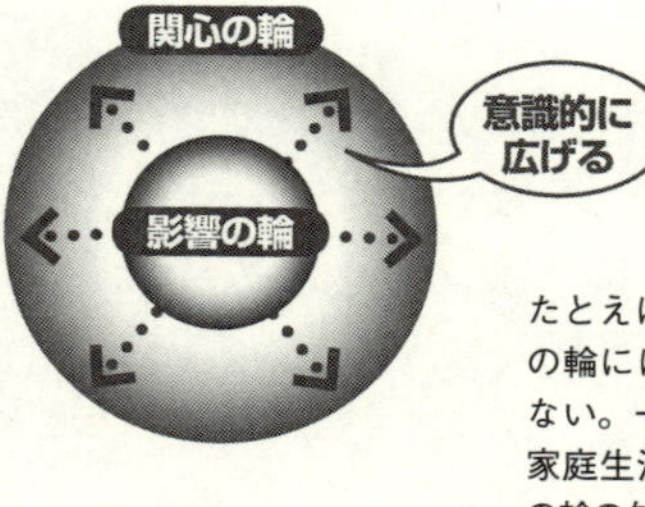

たとえば、過去の体験や天気は関心の輪には入るが、影響の輪には入らない。一方、人間関係や勤務態度、家庭生活は、影響の輪に入る。影響の輪の外にある事柄に一喜一憂したり、不満を言ったりする人は多いが、それはエネルギーと時間のムダ。笑って受け入れられるよう、自分を変えていく必要がある。それを踏まえて、本当に結果を求めるなら、「自分に何ができるのか」を突き詰めて、影響の輪を少しずつ広げていく意識が大切だ

すると、はじめは影響の輪の外にあった事柄も、少しずつ変化を始める。今までコントロールできなかった問題も、やがては解決へ向かわせることが可能となる。

たとえば、指示通りに働かない部下がいるとする。その部下は今、影響の輪の外にいる。だが、彼に投げかける自分の言葉は、影響の輪の中にある。これを工夫し、少しずつ部下に言い聞かせれば、部下の意識や行動は変わる。影響の輪が部下の方まで広がっていくのだ。

確かに、天気のようにコントロールできないものもある。だが、仕事・家庭・人間関係などなら、影響の輪は誰でも少しずつ広げていけるのである。

この習慣が人生を変える！

「影響の輪」と「関心の輪」の境界を意識して行動すると、結果は近づいてくる。

Ch2-4

第1の習慣／主体性を発揮する④

自分を変えるために小さなことから始めよう

行動を起こすことはリスクであり、失敗を伴う。だが「結果」と「間違い」を意識して「間違い」を修正していくことが大切だ。そうして行動を変えることを学ぶのだ。

主体的になっても相手に期待してはいけない

「頑張っているのに報われない」『こちらは努力しているのに、相手は何も変わらない』「親切にしたのに、お礼も言わない」――。

こんな不平を言う人は多い。自分の行動に対しては、人はつい他人や周りに見返りを期待してしまうからだ。

だが、主体的に行動しても、必ずしも望む結果が得られるわけではない。相手もまた主体的に行動しているわけだから、結果は、自分の思い通りにいくものではない。

それでも、望む結果を得るためにできるのは、自分で行動することだけ。「なぜその結果を招いたのか」『なぜ望まない結果となったのか』を考え、行動に対する結果を検証しながら行動するのだ。自分の行動に間違いがあれば、修正すればいい。そうして根気よく試行錯誤を続けることで、徐々に影響の輪を広げていこう。

自分との約束を日々果たす

コヴィーは、「主体性の本質は、自分自身や人に対してする約束とそれに対する誠実さである」という。つまり、「自分は責

「人生の大きなチャレンジに主体的に対応する力が育成されるのは、**日々の平凡な出来事の中に**あるのだ」

——「第一の習慣　主体性を発揮する」*p.120*——

It is **in the ordinary events of every day** that we develop the proactive capacity to handle the extraordinary pressures of life.

— Habit 1 Be Proactive p.92 —

主体性を認識して育てる訓練をしよう

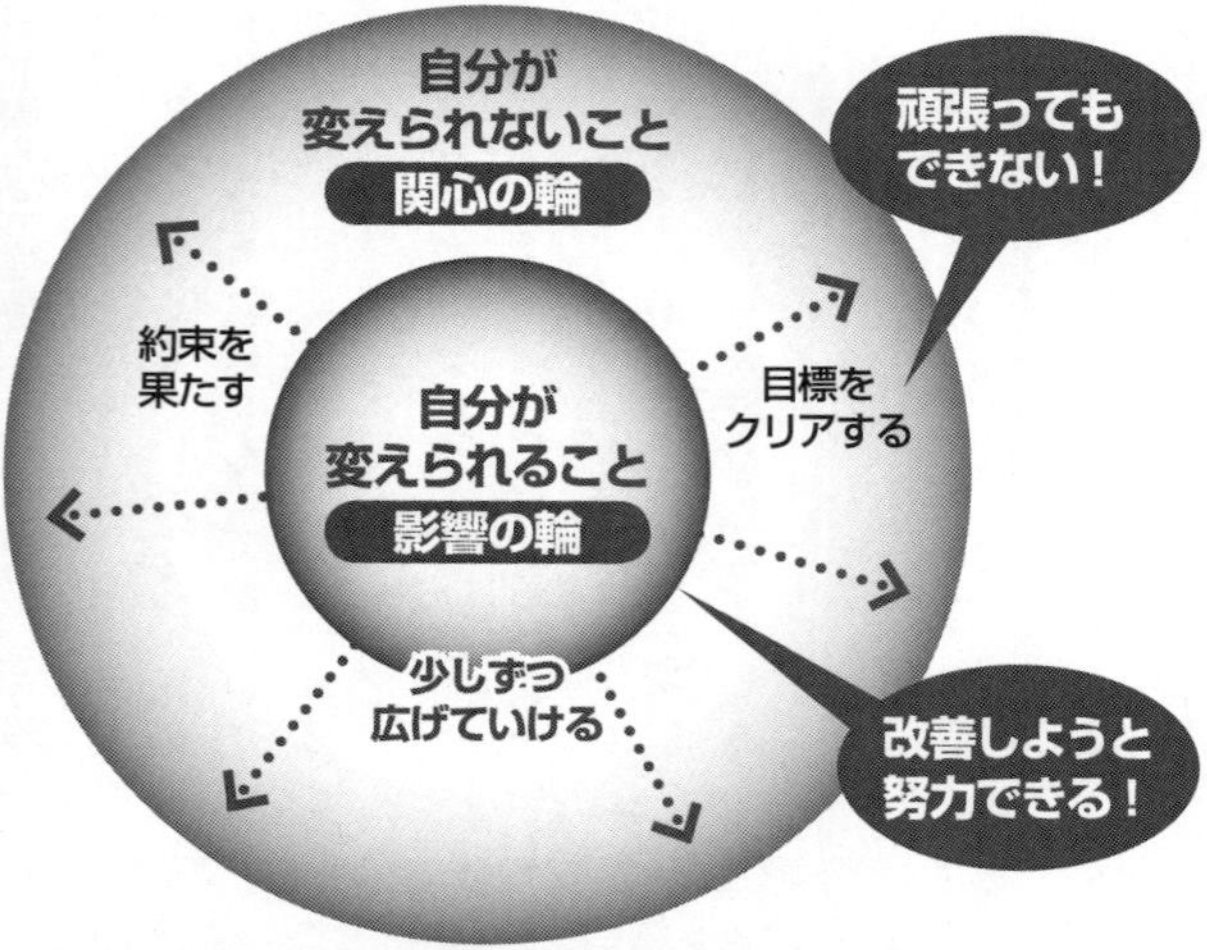
自分が
変えられないこと
関心の輪
頑張っても
できない！
約束を
果たす
自分が
変えられること
影響の輪
目標を
クリアする
少しずつ
広げていける
改善しようと
努力できる！

もっと自分が主体的に影響できることを増やせるように習慣づける

第1の習慣をものにするには？

- 自分の弱点を弁護したり、他人のせいにしたりしない
- 大きな問題や失敗に直面したとき、「～だからできない」と考えず、どうしたらできるかを考える
- 他人の弱点や欠点を批判しない
- グチを言う集団の中に入らない
- 常に問題解決に貢献しようとする

任を果たす人間だ」と認識することが、第1の習慣においての基本であり、残りのすべての習慣を行うための最初のステップなのだ。

誠実さを磨くために、何か特別なことをする必要はない。小さな約束や目標を果たすことを心がければ十分だ。

約束とは、毎日朝8時に出勤する、とか、何事も他人のせいにしない、といった小さなものでいい。目標も、英単語を100個覚える、週に2回はジョギングするなど、ありふれていて構わない。それを30日間実際にやってみて、その結果を見てみよう。達成できれば、「自分の誠実さ」への自信がつくはずだ。

この習慣が人生を変える！

誠実さを高めるために、自分との小さな約束を果たすことを繰り返そう。

Ch2-5

第2の習慣／目的を持って始める①

目的を持って始めることが自分を正しい方向へ導く

「目的を持って始める」とは、目的を掲げ、自分自身を導いていくこと。自分の行動を効率よく管理するのではない。目的のためにやるべきことを選択する意志が大事なのだ。

人生の目的は何か、今やるべきことは何か

コヴィーは「すべてのものは2度作られる」という。物は、まず頭の中でイメージが作られ（知的創造）、その後、実際に形が作られる（物的創造）という意味だ。人生にもこの原則は当てはまる。まず、①人生の目的を持ち、どんな人生を送るか、方向性をイメージする。それから、②実際に毎日を生きていく。

本来、人生とは、この2つの創造によって〝創るもの〟なのだ。

だが多くの人が、最初の創造を忘れて生き、人生の終わりになって後悔する。そうならないよう、今から自分の最期を想像しておこう。そうすることで、終わりに向かってやるべきこと、今やるべきことが見えてくる。

人生のリーダーシップをとる

コヴィーは、最初の知的創造に必要なのがリーダーシップであり、第2の物的創造に必要なのがマネジメントだという。リーダーシップとは、目的を考え、そこに到達するために「何をすべきか」を検討して人や自分を導くこと。マネジメントとは、やるべきことをやるために、時間や作業の順

「もし、はしごをかけ違えていれば、一段ずつ昇るごとに**間違った場所に早く辿り着くだけ**である」

——「第二の習慣　目的を持って始める」*p.128*——

If the ladder is not leaning against the right wall, every step we take **just gets us to the wrong place faster**.

— Habit 2 Begin with the End in Mind p.98 —

明確な目的をまず考え、そこに自分や人を導く

例：子どもに成功した人生を歩ませるには……

親子A 子どもが絵を描くのが好きだったら……

子育ての目的

好きで得意なこと（絵を描くこと）を伸ばす

目的が明確

親の行動

- 美しい景色や庭園に連れて行く
- 美術館などで芸術に触れさせる
- 画材や画集を買い与える
- 芸術を深く知るために他の勉強の必要性を説く
- 得意分野の成長を喜ぶ

子どもへの影響

強みとなり人生の結果に表れる（画家、グラフィックデザイナー、プロダクトデザイナー、イラストレーター…）

○ よいリーダーシップ

目的から入り、目的のために行動を選択する

親子B 子どもはスポーツに興味があるが……

子育ての目的

何でもやらせて可能性を広げる

目的があいまい

親の行動

- ピアノ、塾、水泳…と習い事を詰め込む
- 子どもの意思に関係なく時間割を管理
- 嫌がる子を頭ごなしに叱る
- 「いずれ感謝される」と思い込む
- 「できないこと」ばかりを嘆く

子どもへの影響

何の強みもないまま大人になる。周囲の評価ばかり気にして、自分はどんな人間か、何がやりたいのかわからない（ニート、フリーター、度重なる転職……）

× 悪いマネジメント

目的があいまいなまま、とにかく管理しようとする

序を調整することだ。前者は第2の習慣、後者は第3の習慣に関わる大切な考え方だ。

だが、多くの人はマネジメントにはこだわりながら、リーダーシップを忘れている。

たとえば、娘の習い事を考える親の多くは、時間割に沿って、効率よく娘に学ばせようと考える。だが、親がまずやるべきことは、どんな子に育ってほしいかを考え、そのために親として何をすべきか、と考えることだ。

マネジメントよりもまず、リーダーシップが大切。目的を掲げ、そこへ自分や人を導いていくイメージを持とう。

この習慣が人生を変える！

人生の目標は何か。そこに向かって自分を導くリーダーシップを意識しよう。

Ch2-6

第２の習慣／目的を持って始める②

自分の人生の目的を見つける3つの力

「人生の目的を決めよう」と言われても、手のつけどころがないように感じる人もいるだろう。そこでコヴィーは、３つの自分の力を信じよ、とアドバイスしている。

自分の人生を生きるには自覚し、想像し、良心で行動すること

自分はどんなキャラクターの人物で、いつ、どんなことを成し遂げながら終わりを迎えるのか。そんな人生の筋書きを「人生の脚本」という。本来この脚本は自分で書き上げるべきものだが、それを他人任せにしてしまっている人は多い。

進学先は親や先生の言うがまま。サークル選びは友人といっしょ。就職活動先は人

気ランキングから。リストラされれば、型通りに落ち込む――。そんな人生を「自分の人生」と言えるだろうか。

人は誰でも、自分の人生の脚本を書く3つの力を持っている。①自覚する力、②想像する力、そして、③良心だ。

自覚することで人は、主体性を向上できる。想像力を使えば、将来の姿をイメージできる。良心があれば、イヤなことがあっても自暴自棄になって一線を踏み外すことはない。3つの力を駆使すれば、自分だけの人生は必ず見つかるのだ。

「ブレない自分」を手に入れる

では、自分の人生の目的を見出すにはどうするか。まずは、生活の中心を考えることだ。第1の習慣で説明した「影響の輪」

「(私たちは)自分の持っている非効果的な(人生の) 脚本や不完全なパラダイムに気がつけば、**主体的にその脚本を書き直す**ことができる」

――「第二の習慣　目的を持って始める」*p.136*――

As we recognize the ineffective scripts, the incorrect or incomplete paradigms within us, we can **proactively begin to rescript ourselves**.

― Habit 2 Begin with the End in Mind p.103 ―

七海の〝黒い〟未来予想図

いつかは私だって…こんな貧乏生活から脱け出すわ！
そのためなら…高齢の資産家と結婚して…夫の遺産で、贅沢な毎日を過ごすの…
プール付きの豪邸に海外の別宅…クルマはロールスロイス…セレブライフを取り戻してみせるわ！
おいっ！お前…それはあまりにも〝黒すぎ〟やしないか…？
それから あれも これもー
ビシッ
良心のカケラもないだろ…

を思い出そう。輪の中心にいる自分を意識することで、日々の言動にブレがなくなり、人間としての安定性が増す。

そうすれば、「自分が向かうべき道はどれか」という、方向性を考える意味が出てくる。すると人は、「自分」をより強く自覚するようになり、相手との違いを理解しようとする知恵が生まれてくる。それは、自分らしく振る舞う力の源になる。人生のゴールに向かって、着実に進んでいけるようになる。

「人生の目的」は、未来に目をこらしていても見えてこない。日々の生活を大切にして、ブレない自分を作り上げよう。

この習慣が人生を変える！

自分だけの人生の目的を見つけるために、日々の生活に軸を持とう。

Ch2-7

第2の習慣／目的を持って始める③

迷ったときに立ち返る自分の「原則」を知る

前節で、人生の目標は日々の生活を中心に置いて考えることが大切、と説明した。では、生活の「何を」中心に置くべきなのか。コヴィーはそれは「原則」である、という。

生活の中心に置くものにより人の行動は変わってくる

自分の生活で何を中心に置くか。

そう聞かれれば、多くの人は家族、お金、仕事、趣味などをイメージするのではないだろうか。そして人の行動は、中心に置くもの（＝最優先するもの）の違いで変わってくる。

たとえば、夏休みに家族と旅行を計画した。けれども、上司から急ぎの仕事をその期間に頼まれてしまった……。

こんなとき、家族を中心に考える人なら、その仕事を断ろうとするだろう。だが、仕事を中心に考える人なら、迷わず引き受ける。お金や所有物が中心なら、報酬の有無や金額で仕事を引き受けるか決める。人はこのように、中心に置いたものに応じて行動を選択する。だから、主体的に生きるには、「自分の中心は何か」を知ることは、非常に重要だ。

「原則」でブレない人間になる

しかし、実際は家族、仕事、お金などからひとつだけを選んで中心に置くのは難しい。多くの人はどれも大切で、バランスを

「**時代を越えた不変的な原則を自分の生活の中心におく**ことにより、効果的に人生を営むために正確な基礎的なパラダイム…を持つことができる」

——「第二の習慣　目的を持って始める」*p.170*——

By **centering our lives on timeless, unchanging principles**, we create a fundamental paradigm of effective living.

— Habit 2 Begin with the End in Mind p.123 —

自分の中の基本原則を生活の中心に置く

原則　他人や物事に影響されてブレることがない、基本の考え方

・ものごとに対して、常に自分が貢献できる可能性を考える
・人生のすべての経験を学ぶ機会と解釈する　…など

問題　今、忙しいけれど、遠い親戚の葬式に行くべき？

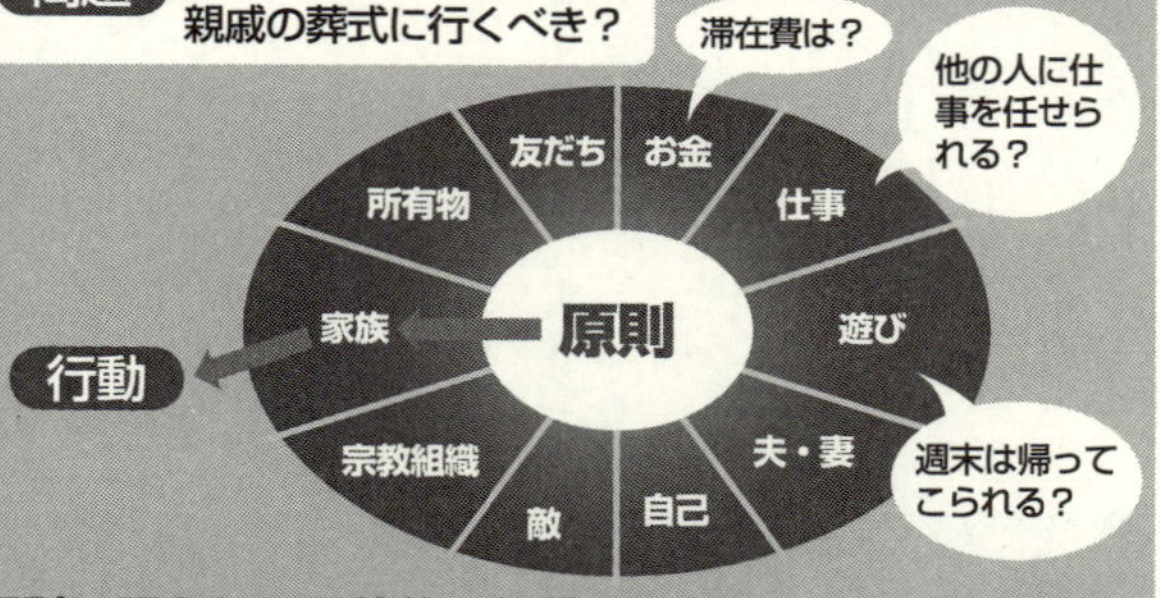
滞在費は？
他の人に仕事を任せられる？
週末は帰ってこられる？
友だち
お金
仕事
遊び
夫・妻
自己
敵
宗教組織
家族
所有物
原則
行動

原則に照らして具体的な行動を選択することで、ブレない生き方ができる

原則を通して、もっともよい解決案を導き出すと…

1. 他人のせいでなく、自分の責任において選んだ結果に納得できる
2. この決定がもっとも効果的である（＝意義がある）と確信できる
3. 主体的に選んだ決定が価値観をより強固にし、自分の人生に有意義な経験を積むことができる
4. 自分と関係者との将来的な幸福を考えて選択でき、コミュニケーションを通して解決できる

この習慣が人生を変える！

世間に流されず、自分らしい充実した人生を生きるために、自分の原則を持て。

とりながら生活しているからだ。

だが、そういう状態が長く続くと、自分には本当は何が大事なのかが、あやふやになってくる。ときに仕事をとるけれど、ときに家族をとる。一貫性を欠くような行動は、周囲の信頼を失う。

中心に置くべきは「原則」だ、とコヴィーは言う。原則とは、「公正であること」「誠実であること」「人に貢献すること」など、自分が大切にしたい強い価値観のこと。この価値観を原則とし、それに照らしてさまざまな状況で行動を選択する。そうすることで、すべての行動に芯が通るのだ。

あなたの生きる「原則」とは何か。もっとも大切にしたい価値観とは何かを考えてみよう。

Ch2-8

第２の習慣／目的を持って始める④

自分の人生の「原則」をキャッチコピーにする

ブレない自分を作る。そのために、自分の原則をいつでも思い出せるようなキャッチコピーを用意しよう。コヴィーの言う「ミッション・ステートメント」である。

自分の人生の使命をミッション・ステートメントに記す

ミッションとは使命、ステートメントとは宣言。ミッション・ステートメントを書くとは、自分の人生では何が大切で、自分がどうなりたいかを宣言することだ。

まずは人生のミッション・ステートメントを作ってみよう。時間をかけてじっくり考えたい。考えがまとまらなければ、中心に置きたい原則をイメージする。正義、誠実、貢献……。そんな価値観で行動する自分を想像すれば、「自分はどうありたいか」を言葉にしやすくなる。

次にその言葉を書き出してみよう。最初はひとことでもいい。そこから夫・妻、息子・娘、父親・母親、上司・部下など、さまざまな生活の場面での自分の役割を書き出し、それぞれに目標を設定する。どんな場面でも一貫した振る舞いをする自分のイメージが強くなるはずだ。

ミッション・ステートメントは、いわば自分の〝憲法〟。日常生活は、この憲法に基づいて行動しよう。年月を経て練り上げていくものだから、定期的に、少なくとも年に1回は、見直してほしい。

「ミッション・ステートメントはあなたの憲法であり、**しっかりとしたビジョンと価値観の表現**である」

――「第二の習慣　目的を持って始める」*p.180*――

... your mission statement becomes your constitution, **the solid expression of your vision and values**.

— Habit 2 Begin with the End in Mind p.129 —

自分のミッション（使命）を見据える

ミッション・ステートメント（＝自分の行動の基礎となる価値観や守るべき基本ルール）を作り、達成するには…

1 自分の卒業・退職や最期をイメージし、それまでの時間をどう過ごしたいかを考える

65歳で引退して…夫婦で田舎に暮らして…子どもや孫がよく遊びに来て…地域の人からも信頼され…

2 現在の生活における自分の役割（夫として、父として、上司として…など）を書き出す。そこで何を達成しようとしているのか、目標を決める

妻とは死ぬまで仲よく、優しく接していたい

父として尊敬される、頼られる人間でありたい

3 主体的な原則に沿った形で、その目標がどう実現できるかを考える

妻に文句を言ってばかりだった。もっと家のことを手伝おう

仕事を忘れて、月に2回は子どもと向き合う時間を作ろう

4 具体的に行動する。そして定期的にミッション・ステートメントの見直しを図る

月に2回は効果的でなかったな。尊敬される父親像をもう少し掘り下げよう

第2の習慣をものにするには？

- 自分の最期に、どんな人だったと思われたいか、そう思われるために何をすべきかを考える
- 自分の生活の中心を、原則に置いてみる
- 身近な問題について、望んでいる結果と必要な行動・手順を書き出してみる
- ミッション・ステートメントを作る

ミッション・ステートメントを家族やサークルで共有する

ミッション・ステートメントの作成は、家族や組織でもプラスの効果がある。夫婦や家族など、親しい間柄では一時の感情で問題が解決されがちだ。反射的に相手をなじったり、なんとなく仲直りしてナアナアに終わったり、気分次第で許したり、許さなかったりという具合だ。

だが、全員で話し合ってミッション・ステートメントを作成すれば、感情任せの衝突は避けられる。理想とする夫婦、家族、組織像があるなら、いつでも皆が立ち返るためのミッション・ステートメントの共有を提案してみよう。

この習慣が人生を変える！

自分の使命をミッション・ステートメントに残し、それに従って人生を歩もう。

Ch2-9

第３の習慣／重要事項を優先する①

時間は管理できない！重要事項の順序を決める

第3の習慣は、「重要事項を優先する」。ありふれた指摘のようだが、実は多くの人がその意味を誤解し、時間管理で失敗している。その理由と改善法を見ていこう。

「時間を管理する」という発想が間違っている

システム手帳、スマートフォン、時間管理ソフトなど、時間管理の方法は多数ある。自分流の方法を見つけた人も、多くは「もっとよい方法はないか」と思っている。

人々がそこまで時間管理の方法にこだわるのは、そうして効率的な毎日を送ることで、バランスがとれ、充実した生活を手に入れられると信じているからだ。だがそれは、大きな誤解だ。

従来の時間管理のツールには、第2の習慣で見たような自分の価値観やビジョンが反映されていない。忙しい毎日のやりくりはできるかもしれないが、日々、人生の目的の達成に近づいている、という実感は持てない。どんな時間管理術を駆使しても、「自分の人生を生きている」という充実感は得られないのだ。

重要事項を優先して行う

さらに、手帳やスマートフォンで、「時間」を管理していることも問題だ。

「時間が来たら終了」となるから、大事な作業でも中途半端に終えてしまう心配がある。目に余るほどでなくとも、重要事項がいい加減に済まされ、「予定通りだから

「時間は管理できるものではない。**唯一管理できるのは、自分自身**でしかない…」

――「第三の習慣　重要事項を優先する」*p.212*――

... the challenge is not to manage time, but **to manage ourselves**.

― Habit 3 Put First Things First p.150 ―

七海にとっての重要事項は？

ＯＫ」と見なされかねないのだ。

逆に、スケジュールに空白があると、その時間帯は「何をしてもいい時間」と勘違いし、ついムダな過ごし方をしてしまう。「今日の夜は約束がないから」といって、ネットを見ながらダラダラ残業をしてしまったりするのだ。

時間は管理できない。自分の意志にかかわらず、刻々と進んでいくものだからだ。

では、何を管理すべきか。それは、「重要事項を優先する」という、行動の順序。これをカンペキにすることを考えるのが第3の習慣だ。次節でさらに詳しく見ていこう。

この習慣が人生を変える！

「時間を管理する」発想を捨てる。「重要事項を果たす順序」を管理しよう。

Ch2-10

第3の習慣／重要事項を優先する②

「緊急でないが重要なこと」のための時間を増やす

人間の活動は大きく4つに分けることができる。そのうちもっとも大事なのは、「緊急でないが重要な活動」。だが、この活動を後回しにしている人は実に多い。

「緊急でないが重要なこと」を改めて意識する

重要事項を管理するために、130ページのような図を描き、当てはまる自分の活動を書き出してみよう。緊急度は「すぐに対応を迫られるかどうか」、重要度は「人生の目的や価値観にとって重要かどうか」で判断しよう。

多くの人は、第1領域の活動に日々とらわれている。だが、この状態に埋もれると、非常に忙しくなる。そして疲れがたまれば、緊急でも重要でもない第4領域に逃げ込みたくなる。結果、仕事では残業続き、帰宅後はテレビの深夜番組の視聴にふける日々を送ることになる。

人生を充実させるには、第2領域にもっと集中することが必要だ。ここには成長に役立つ活動や、将来、第1領域へ入ってくる事柄への準備活動が入るからだ。たとえば、ミッション・ステートメントを考えたり、運動で体力をアップしておけば、仕事で要職を任されても激務に耐えながら、判断力も発揮できる。普段から英語を学んでいれば、急に英語の仕事が来ても、慌てずにすむ。

「一見重要に見える緊急事項に対してノーと言っているのでなければ、**もっと基礎的で重要な活動を断っている**ことになる」

――「第三の習慣　重要事項を優先する」*p.223*――

If it(saying "no") isn't to the apparent, urgent things in your life, it is probably to **the more fundamental, highly important things**.

— Habit 3 Put First Things First p.157 —

重要なことにこそ時間をさくべき

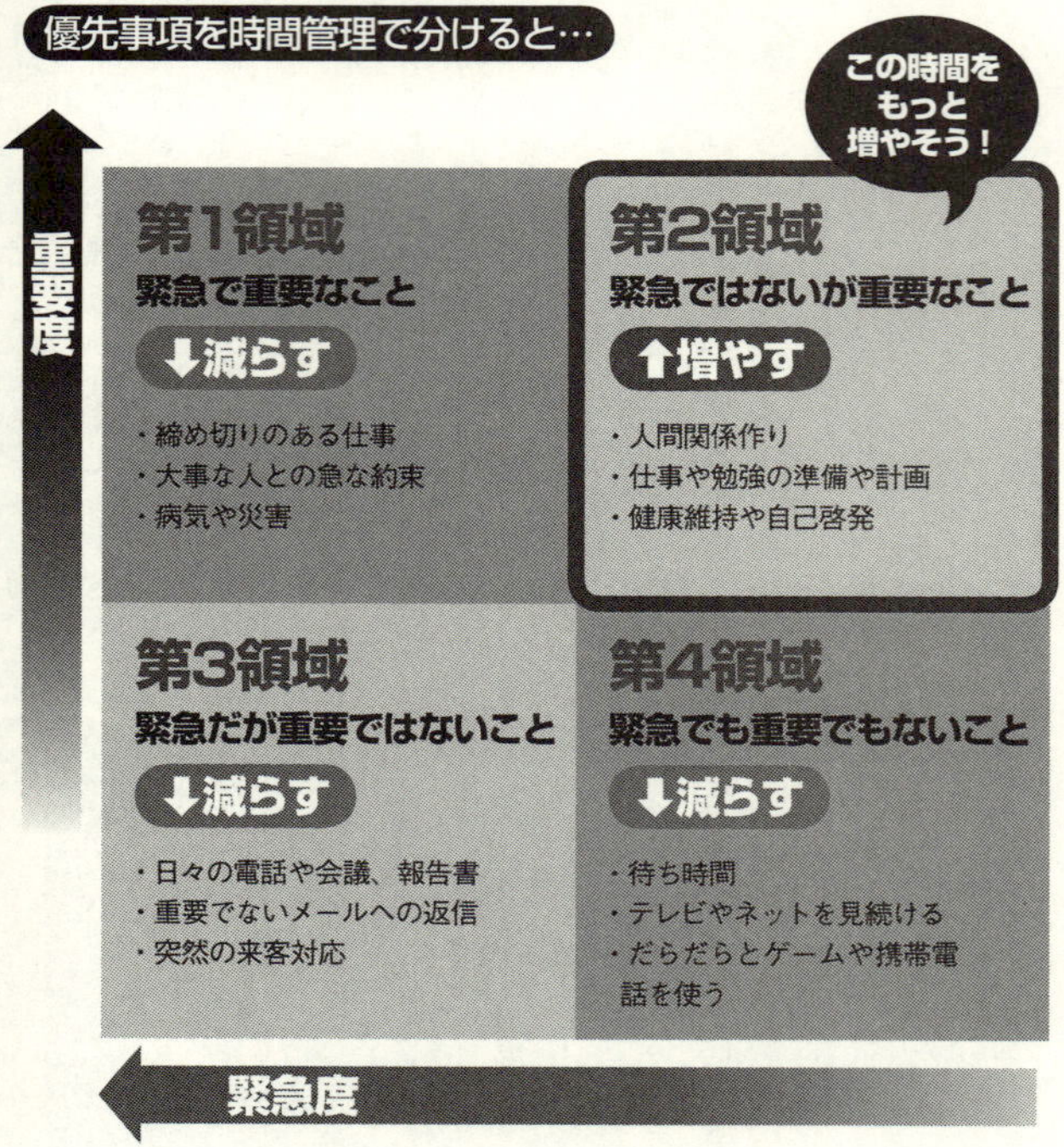
優先事項を時間管理で分けると…
この時間をもっと増やそう！
重要度
第1領域
緊急で重要なこと
↓減らす
・締め切りのある仕事
・大事な人との急な約束
・病気や災害
第2領域
緊急ではないが重要なこと
↑増やす
・人間関係作り
・仕事や勉強の準備や計画
・健康維持や自己啓発
第3領域
緊急だが重要ではないこと
↓減らす
・日々の電話や会議、報告書
・重要でないメールへの返信
・突然の来客対応
第4領域
緊急でも重要でもないこと
↓減らす
・待ち時間
・テレビやネットを見続ける
・だらだらとゲームや携帯電話を使う
緊急度

現実には、第1領域や第3領域は「緊急」なので、言われるまでもなくやっているはず。しかし、第2領域は重要なのに「緊急ではない」ので、あまり時間をさいていない。第4領域は、意識せずに浪費してしまっている時間となる

重要でない活動にかける時間を徐々に減らしていく

その時間を作るには、第3領域や第4領域から時間を持ってくることが必要だ（第1領域の活動は無視できない）。

特に、第3領域の時間を削るのには主体性が求められる。この活動は、外部からの働きかけで緊急性が生まれているからだ。主体性がなければ、相手からの働きかけに負けて、時間を奪われてしまう。

第2領域に集中するために、原則を中心に置く意識を思い出そう。常に成長に必要なことを優先すると、第4領域に入る安楽な時間の過ごし方が減ってくる。もっともやっかいな第3領域についても、誠実にノーと言えるようになるのだ。

この習慣が人生を変える！

重要でない活動を主体的に減らし、「第2領域」の時間を増やそう。

Ch2-11

第３の習慣／重要事項を優先する③

役割と目標を頭に入れて行動する

理想のマネジメントとは、緊急事項を順序立てて処理していくことではない。自分の役割や目標に照らしてスケジュールを立て、そして柔軟に実行することだ。

スケジュール表を作る意味を考える

ここでは、具体的にコヴィー流の計画表の作り方を見ていこう（134ページ図）。

まず、自分の役割をいくつか定義する。一個人としての役割、父親として、職業人として、友人としての役割などだ。

次に、個々の役割ごとに１週間の目標を2〜3、設定する。それはなるべく第２領域の活動に入る目標にしよう。第2領域は後回しになりがちだからだ。

そして、この先の1週間で目標を達成する活動をスケジュールに入れる。そのとき、月間や年間の予定表も確認しよう。たとえば、来週に旅行の計画があれば、今週覚える英単語を50語から75語に増やして補う、といった修正ができるからだ。

スケジュールは、ゆとりを持ち、予想外の事柄に対応できるようにしておこう。空白は問題ない。この予定表には、目標がスケジュール表に明示されているので、空白の時間は重要事項に使うよう、意識できるしくみになっているからだ。

「第二領域に集中した生活を営むためには、**スケジュールを人のニーズに服従**させなければならない。…ツールは、その価値観を反映するものでなければならない」

――「第三の習慣　重要事項を優先する」*p.231*――

There are times when principle-centered Quadrant Ⅱ living requires **the subordination of schedules to people**. Your tool needs to reflect that value,...

― Habit 3 Put First Things First p.161 ―

目標を具体的にスケジュール化する

❶ 役割を定義　❷ 目標を設定

役割		今週の目標
役割1	自分の成長	① ミッション・ステートメントの検討 ② セミナーに申し込む ③ 運動（水泳2時間×4回）
役割2	夫・父親	④ 家族で科学館に遊びに行く ⑤ 妻とコンサートに行く ⑥ 子どもの自転車を修理
役割3	研究・商品開発	⑦ マーケット調査の検討 ⑧ 統合問題の研究 ⑨ 新商品のアイデアをプレゼン
役割4	地域奉仕	⑩ PTAの集まり　⑪ 定期草むしり
役割5	人生を楽しむ	⑫ 夏休みの旅行計画

❸ スケジュールを立てる

	月	火	水	木	金	土	日
6	③水泳		③水泳		③水泳	③水泳	
7	↓		↓		↓	↓	
8						⑪定期草むしり	①ミッション・ステートメントの検討
9	②セミナーに申し込む				⑦マーケット調査の検討		↓
10						④家族で科学館	
11						↓	
12						↓	
1		⑧統合問題の研究			⑨新商品のアイデアをプレゼン	⑩PTAの集まり	
2		↓			↓		
3		↓				⑥子どもの自転車修理	
4		↓					
5							
6							
7					⑤妻とコンサート		⑫夏休みの旅行計画
8					↓		↓
9							

（時間）

大切なのは立てた予定をこなすことではない

1週間の始まりの朝は、まずスケジュール表を確認する。重要事項を優先した生活を送る意識を高めるためだ。

スケジュール通りにいかないことも、もちろんある。会議が長引いたり、家族のわがままにつき合わされたり……。こんなときは、予定と違うことをもどかしく感じる代わりに、自分の役割と目標を改めて思い描く。優先すべき事項は何かが明らかになれば、そのために今、どんな行動を選択すべきかが見えてくる。

その結果、スケジュール通りに実行できなかったり、変更せざるを得なくなったりしたとしても、まったく問題はない。なぜならそれは、時間の管理ではなく、重要事項を優先したマネジメントの結果だからだ。

この習慣が人生を変える！

重要事項に関する目標を立て、1週間ずつクリアしていこう。

Ch2-12

第3の習慣／重要事項を優先する④

時間が足りないときは人に「任せる」ことも大切

「任せる」という選択肢もときには必要だ。上手にマネジメントをする人は、自分で時間を使う場合は「能率」を考え、人に任せる場合は「効果」を考える。

他の人に任せる「デレゲーション」という方法

目標達成には、他の人に任せるという方法もある。これをデレゲーション（delegation：委任、委託）という。

子どもに皿洗いをしてもらう。部下に仕事を手伝ってもらう。人に任せることで、自分のエネルギーや時間を他の活動に注ぐことができる。

ところが、これを嫌がる人は多い。準備が面倒、ちゃんとやっているか気になる、繰り返し質問がくる、結果が思ったものとほど遠い、などの理由からだ。

だが、こういう人は、単にデレゲーションが下手なだけ。彼らは、手段や手順を指定して相手を管理しようとするから面倒になるのだ。あれをやれ、これをやれ、できたら知らせろ、と細々指示しては、相手も疲れるし、「結局、任されていない」と感じるからやる気が出ない。

人に任せるときは「効果」で考える

デレゲーションをうまくやるには、目標達成のための手段の選択は相手に任せ、結果の責任を問うようにするといい。

出すべき結果について十分理解し合い、

「デレゲーションは **人や組織の成長を促す** 最も強力な方法のひとつである」

――「第三の習慣　重要事項を優先する」*p.244*――

Delegation **means growth, both for individuals and for organizations**.

— Habit 3 Put First Things First p.171 —

時間確保のために「人に任せる」方法

デレゲーション（人に仕事を任せる方法）には2種類ある

◎ **上手なデレゲーション**

相手に目的や結果を意識させ、責任を持たせることで、やる気を出させる

× **使い走りのデレゲーション**

作業のみを指図し、報告をさせ、結果の責任を負わせない

そのために…相手に伝えることは5つ

1 どんな結果を望んでいるか

花に水を与え、枯れないようにしてほしい

2 ガイドラインやルール

日なたの花には多めに、日陰の花には少なめに与える

3 活用できる資源や金額、技術など

庭のすみにある水道と、ホース、バケツ、ジョウロ、どれを使ってもいい

4 評価の基準と、評価する人、期限

2日おきに、花が元気かどうか、私とあなたでチェックしよう

5 結果による賞罰、報酬など

花が半月後も元気だったら、おこづかいをアップしよう

第3の習慣をものにするには？

- 生活の中で、緊急性はないが重要な活動を、より多く実行する
- 役割と目標をはっきりさせたうえで、1週間の計画を立てる
- 人に仕事を任せる方法を考える

望む結果を明確に文章で伝える。守るべきルールや利用できる資源があるなら、それも伝える。ルールとは、相手の手段の選択を狭めるものなので、できるだけ緩い方がいい。そして、結果を評価する基準や報酬を設定する、といった具合だ。

自分で時間を使う場合は「能率」（＝方法）を、人に任せる場合は「効果」（＝結果）を考えるのがよいマネジメントだ。

デレゲーションがスムーズにできるようになるには時間がかかる。だが、人を信頼し、時間と忍耐を使うことは、自分のマネジメント力の向上に結びつく。それは最終的に、自分の第2領域の時間を増やすことにつながるのだ。

この習慣が人生を変える！

うまく「人に任せる」ことができるようになろう。時間はかかるが、実りは大きい。

• *Interview-2* •

「7つの習慣」は
文化を問わない真理
変化を起こすリーダーになれ！

「7つの習慣」は、なぜこれほど世界中で支持されているのか。
著者のコヴィー氏によると、それは人間の本性に根ざした、
時代を問わない普遍的な原理原則に基づいたアドバイスだからだ、
という。つまり「7つの習慣」は、人生の真理である
というわけだ。その意味するところについて、
具体的に話を聞いてみよう。

「7つの習慣は、
人生の理想を考える。
取り上げたのは、どんな宗教や文化
にもとらわれない共通のエッセンス」

文化・宗教の違いを超えて広がる「7つの習慣」

なぜ私の「7つの習慣」は、これほど世界中で支持されているのか。

よく聞かれることですが、ひとことで言えば、それは私の思想が原理原則に基づいているからだと思います。人間を成長させ、人格そのものを高め、人

に影響を与える存在になるための方法論。それを私は「人間とは何か？」を考えながら、常に正しい原理原則に基づいて構築することを目指しました。

だから、その内容は、普遍的で永遠です。それは、人生の理想を語る世界の主要宗教のどれとも共通した真髄を持っていると言うことができます。

「7つの習慣」は、東洋文化を背景にした人たちにも、もちろん通用します。以前、中国で「この本は儒教国の我々にどんな関係があるのか」と聞かれたことがありました。そこで私がその人に、人は誠実であるべきと思うかと聞くと、「思います」という答えが返ってきました。親切、覚悟、敬意といった考えはどうか。「もちろん大事です」とその中国人は言います。これは、私が教えていることそのものです。

「どんな宗教、どんな価値観を持っている文化でも、求める人生の理想には、普遍的な原理原則がある」

私は個人的には、人生にとって宗教は、誰にとっても非常に重要なものだと考えています。私はオバマ政権が発足する直前、当時のブッシュ大統領に人生と救いについて教えたことがあるほどです。

ホワイトハウスのオーバルオフィス(大統領執務室)に入ると、私はブッシュ大統領から「異教徒たちに、どのようにキリストの贖罪《しょくざい》の力を教えるべきか」といったことを聞かれました。大統領自身は宗教的な方でしたが、キリスト教の死生観についてあまり

KEYWORD

原理原則

英語ではprinciples。原理とは、「物は手を離せば落ちる」というほど当たり前で、絶対的で変わらない真実。コヴィーは、人間の成長の仕方、人間関係の変化の仕方、成功と幸せを手にする方法にも、人間全体に共通した原理原則がある、という。それをまとめたのが『7つの習慣』というわけだ。

「重要な変化を起こすリーダーは、命令をしない。行動を促す文化を作る工夫と努力を怠らない」

知識がないようでした。私は、キリスト教の思想の核には宗教を超えた普遍性があり、その本質は他の宗教にも存在することを説きました。本質において、人は必ずわかり合えるのです。

確固とした人生を送るには人それぞれの「中心」が必要だ

世の中には、無神論の人もいるでしょう。個人の思想はもちろんその人の自由ですが、充実した人生を送るうえで、私が無神論に対して気になるのは、無神論者は、普遍・永遠の神を認めない立場をとる、という点です。そういう人は、「中心」を持つことができません。中心とは、自分の価値観や人生観、人間観などにおける「これだけは絶対正しい」と言える核心です。

宗教を持たないということは、そういう「中心」がないということ。つまり、「人はこう生きるべき」という原理原則を考えることができないのです。

といっても、私は『7つの習慣』を書くにあたって、絶対に私の宗教観を持ちこまないよう誠実な努力を重ねました。異なる宗教を信じる人にも考えを伝えたかったからです。ですから、どんな宗教・思想的な背景がある方でも、「7つの習慣」の価値はおわかりいただけると思います。

日本社会の場合、文化的背景には仏教や神道などが主流にあると思います。その中で、特にどの宗派に属するなどと明確な意識を持っていない方でも、多かれ少なかれ、現世の理屈を超えた超越的な真理の存在を感じている人は多いのではない

でしょうか。

そんなふうに、何らかの神（超越的な真理の存在）を認める人は、皆、共通する原理原則を認めていますから、相互理解は可能なのです。『7つの習慣』は、そうして人々の間に共通する原理原則を取り出し、人間としての高みを目指すための方法論としてまとめたものなのです。

変化を起こすリーダーは文化を作り、行動を促す

私は、現在、取り組んでいる本が10冊もあります。このうちの1冊は『エンド・オブ・クライム（犯罪の終わり）』という本です。これは、カナダ・リッチモンド市の警察幹部ワード・クラッパム氏との共著です。

クラッパム氏は、「善行切符」という制度をリッチモンドで導入しました。警察官がよいことをした人を表彰する「切符」を交付することにしたのです。

リッチモンドはその頃、中国系の移民が多く、また、犯罪の増加が問題になっていました。しかし、「善行切符」の導入後、犯罪件数は5割以上減り、再犯率が5％未満になりました。通常の再犯率は、55％だというから劇的な効果があったとわかるでしょう。

確かに日本ではこのような制度はないかもしれません。米国でもニューオーリンズで実施されたことがある他、例がないようです。ですが、クラッパム氏の実例などから、私は、違反切符の3倍の善行切符を発行すると、犯罪が起きやすい都市文化の根底が変わると考えています。

「善行切符」は、犯罪をなくすための文化を築く新たな価値観（パラダイム）です。犯罪をなくすために、よいことをした人を褒める。これは、悪いことをした人間を罰するという従来の発想とはまったく逆です。

このような工夫で、人々が犯罪を回避するための責任をとる社会で子どもが育てば、さらに住みよい社会が育まれていくでしょう。犯罪が生まれにくい「文化」を作ることができるのです。

善行切符は、「7つの習慣」の第3の習慣に基づ

いた考え方です。第3の習慣は、「重要だが緊急でない」仕事に注力することで、将来の目標達成を近づける、という発想です。クラッパム氏は、目先の犯罪に追われて取り締まりを強化するのではなく、長い目で見て、人々の行動を変える作戦を考え、そのための文化を作ることに時間をかけたのです。

結果が出るまでに時間がかかるように見えますが、その効果が劇的なのはお話しした通りです。こんな発想ができる人こそ、本当に重要な変化を起こすリーダーなのです。

命令で人を動かしても大きな成果は出ない

今、日本社会は、震災と原発事故を受けて大きな不安が広がっていることと思います。そのニュースに触れるたび、私は妻とともに、被災した日本の方々の苦しい境遇に思いをはせて、いつもお祈りしています。

「この境遇から早く脱出したい」

多くの方がそう思っていることでしょう。でも、つらい思いの中でも、「周囲が変化するには、まず自分が変わらなければならない」という真理も忘れないでほしいと思います。

私は日本のリーダーには、文化を作ることで人々に力を与える、という方法を学んでほしいと思います。

それは、人をコントロールしようとしないことです。命令したり、強制することではありません。部下や同僚とじっくり話をして問題の根源を探るのです。それから解決策を練る方法を身につけてほしい。問題の根源を時間をかけて、丁寧に解決していくのです。

そうして目指すべき結果は4つ。

優れた成果を維持すること、人を鎖に縛りつけない文化を作ること、戦略目標の達成を習慣化すること、一人ひとりがコミュニティに自立した貢献を行うこと。

長い時間をかけて、そういう社会を作ることを目指し、成し遂げることが日本にとって本当の「復興」なのだと思います。

第3章

仲間と手を取り合い大きな成果を出す

―― 共同作業で成功する第4、第5、第6の習慣 ――

ここでは、「公的成功」のために必要な第4、第5、第6の習慣について解説する。それは、人と交わりながら、力を合わせてアイデアを練り、大きな成果を出すために必要な心がけ。コラボレーションを生み出す中心となるための習慣だ。

「公的成功」とは、他人を負かすという意味ではない。
それは関係づくりに成功することであり、かかわっている すべての人が相互利益を獲得することである。

――「第四の習慣　Win-Winを考える」p.324――

まんがでわかる「第4、第5、第6の習慣」

自分から率先して相手に貢献!

※このまんがはフィクションです。登場する人物、団体名などはすべて架空のものです。
※まんが内のセリフ等で、文字が太くなっている内容は、コヴィー氏の「7つの習慣」の代表的なエッセンスです。

だいたい…先生も先生よ！
夏休みの課題提出が1日遅れたくらいで、こんなに大量のプリント…
もーっ!! xとかyとかなんなのよっ!!
〝微分の導関数〟なんてさっぱりわかんなーい！
困っているみたい…どうしよう…
でも…あの〝庶民〟発言でだいぶひんしゅく買ってるから…
話しかけても迷惑かも…!?
キミの接し方次第で…
うまくいくと思うよ
……

あっ…
あの…
すっ
!
……何よ！忙しいんだけど…
この問題…こっちの方程式を使った方が解きやすいと思うわ
…えっ!?
これは…接線の方程式を求める問題だから…
ちょっ…ちょっと待って！
それでこっちが…
う、うん
相手が喜んでくれるなら…自分がどう見られるか、なんて…どうでもいいや

2時間後――
ぱあ
ああ
ふーっ！終わったぁ！
がしっ
ありがとう西園寺さん！
めちゃくちゃ助かったよー
ぎゅっ
……！
おっ…
お役に立てたのなら…よかった…です
もしかして…照れてる？
人を見下していてとっつきにくいお嬢さまだと思っていたけど…
だいぶ印象が違う…かも…
そわそわ

あ…あのさ、西園寺さんて愁平と知り合いだったの？
え？
転校初日から仲がよかったみたいだから…
気になって…
あぁ…
昔、この辺に住んでいたから…そのとき…
小さいとき、遊んだことがあった程度よ
！
じゃ…じゃあ！
つきあっているわけじゃ…ないんだね
愁平と…!? ありえないわ
ほー…
第一…今の私は恋愛なんて考える余裕、ないもの
家や生活の…自分のことで精一杯だし…

やっぱり大変なんだ…会社の倒産とか噂は聞いていたけど…
でもね！
今の生活、結構楽しんでいるのよ！
最初は…「早く元の生活に戻りたい」って思っていたけど…
見方を変えれば…この生活もバイトもいい経験で充実しているわ
毎日新鮮で…人も仕事も…私がちゃんとやればやるほど、相手も喜んでくれるし…私も楽しい！
Win-Winってやつね！
……
はっ
…って、私はペラペラと…呆れてるわ！
ごっ…ごめんなさい
私ったら…いきなり自分のことをペラペラと…
くすっ
…ううん。なんか…

だいぶ西園寺さんの印象、変わったかも…
そっ…そう？
それはどういう…？
びくびく
ねぇ…明日いっしょにお昼、食べようよ！
もっと西園寺さんと話したいし…
〝庶民〟とのお弁当も…案外、いいものだよ
ずっと思ってたけどよく庶民って言うよねー
ごっごめんなさい口癖で…
あはは何それー
なぁ…七海ー

何か…いいことあった？
さっ さっ
何よ急に？
別に…何もないわ
ふーん
楽しそうだからさ
何もないって顔じゃ…ないけどな
人間関係にも相乗効果が発揮されている…ってことかな…？

Ch3-1

第４の習慣／Ｗｉｎ-Ｗｉｎを考える①

人間関係を充実させる「信頼残高」を増やす

第４の習慣の前提として、この節では、よい人間関係作りについて考えてみよう。そのために必要なのは、人としての〝基礎体力〟。「信頼の積み重ね」を意識することだ。

人間関係には〝基礎体力〟が必要だ

成功には「私的成功」と「公的成功」がある（74ページ）。これによれば、第1、第2、第3の習慣が身についていなければ、第4、第5、第6の習慣は身につかない。つまり、第1、第2、第3の習慣は、スポーツでいう基礎体力だ。基礎体力の面で自分を高めることで、初めてその先の〝試合〟で成果が出てくる。

常人がトップ選手に憧れて、いきなり難しい技にトライしても、まずできない。十分に筋力を高め、体をほぐし、スタミナをつける。日々の基礎体力作りがあって初めて、高度な動きが可能となる。

人間関係もこれに似ている。交渉術や会話術を学ぼうとする人は多いが、テクニックにとらわれても人間関係は長続きしない。最初はごまかせても、やがて人間の小ささは見破られてしまうからだ。

信頼残高の預け入れを増やす

人としての〝基礎体力〟を高めるうえで大切なのは「信頼残高」。相手からの信頼度で変動するあなたの残高だ。

友人との約束を守ったり、小さな心づかいをしたりすれば、信頼残高は増える。逆

「人間関係づくりに最も大切な要素は、私たちが何を言うか、何をするかということではなく、**私たちはどういう人間であるのか**ということである」

——「相互依存のパラダイム」*p.268*——

The most important ingredient we put into any relationship is not what we say or what we do, but **what we are**.

— Paradigms of Interdependence p.187 —

信頼は貯金のように積み上げていくもの

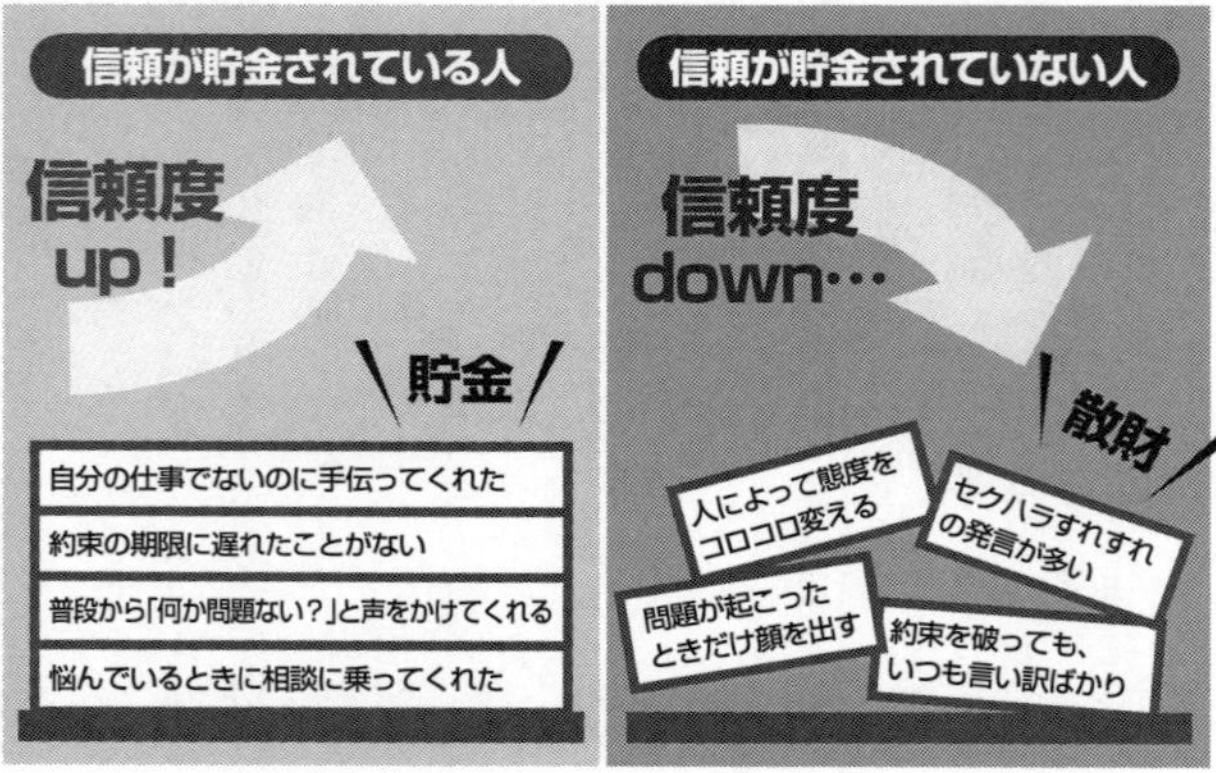
信頼が貯金されている人
信頼度
up！
貯金
自分の仕事でないのに手伝ってくれた
約束の期限に遅れたことがない
普段から「何か問題ない？」と声をかけてくれる
悩んでいるときに相談に乗ってくれた
信頼が貯金されていない人
信頼度
down…
散財
人によって態度をコロコロ変える
セクハラすれすれの発言が多い
問題が起こったときだけ顔を出す
約束を破っても、いつも言い訳ばかり

信頼残高を増やす6つの方法

1 相手の価値観・重視していることを理解する

相手は何を基準にして自分を評価し、信頼してくれているのかを知る

2 小さな心づかいや礼儀を大切にする

無礼な一言で、楽しかった1日が台無しになることも、小さな親切で見直されることもある

3 約束を守る

人は約束に対して、守られるという期待を抱いている。一度でも破れば、その次は信頼されなくなる

4 お互いが期待することを明確にする

役割や目的を暗黙の了解にせず、期待していることを、お互いに明らかにする

5 誠実さを示す

相手とだけ良好な関係を築いていても、他の人に対して誠実でない人は信頼されない

6 あやまちは誠意をもって謝る

信頼を失う大きなあやまちを犯したとき、誠意ある謝罪だと認められる謝り方をする

に、無礼な振る舞いや、不誠実な態度を取れば、信頼残高は減る。

会社の同僚に話せない悩みでも、久しぶりに会った高校の友人には話せることがある。旧友との間には、長年築き上げてきた信頼残高が互いにあるからだ。

人間関係を充実させるには、この信頼残高の預け入れが大切だ。第1、第2、第3の習慣を実践しながら、信頼残高の積み上げも意識しよう。

コヴィーによれば、信頼残高を増やす方法は6つ（右ページ図）。決して難しいことではない。礼儀や気配りといった当たり前のことでいいのだ。

この習慣が人生を変える！

人間関係で成功するために、第1、第2、第3の習慣を実践し、信頼残高を高めよう。

Ch3-2

第４の習慣／Ｗｉｎ－Ｗｉｎを考える②

双方が納得できるやり方が本当の解決策だ

〝Ｗｉｎ－Ｗｉｎ〟とは交渉で問題を解決する際、双方にプラスとなる関係のこと。Ｗｉｎ－Ｗｉｎを考えるには、まず、人間関係のパターンを知ることが重要だ。

人間関係には6つのパターンがある

Ｗｉｎ－Ｗｉｎとは「自分も勝ち、相手も勝つ」こと。それぞれの当事者がほしい結果を得る関係のことだ。

他人との関わり方には、６パターンある（１６２ページ図）。Ｗｉｎ－Ｗｉｎは、双方に利益をもたらすベストの関係だ。

だが、特にビジネスの世界では「相手を蹴落として自分が勝つ」というＷｉｎ－Ｌｏｓｅが蔓延《まんえん》している。取引先との関係を「力関係」と言ったり、地位や年収を人と比べたがる発想がそれだ。

同時に、Ｌｏｓｅ－Ｗｉｎもはびこっている。Ｌｏｓｅ－Ｗｉｎを受け入れる人は、それがＷｉｎ－Ｗｉｎ（ベストの選択肢）だと誤解しているから厄介だ。それは自分の気持ちを押し隠しているにすぎない。

Ｌｏｓｅ－Ｗｉｎをすぐに選ぶ人は、相手に好かれたい思いが強く、それが目的になってしまっている。自分の人生に基準や期待、ビジョンを持ち、そのために行動する勇気が必要だ。

「長期においては、両方が勝たなければ、両方の負けになる。だから相互依存の現実においては、**Win-Win以外に現実的な方法はない**のだ」

——「第四の習慣　Win-Winを考える」*p.311* ——

In the long run, if it(=a kind of productive relationship) isn't a win for both of us, we both lose. That's why **Win/Win is the only real alternative** in interdependent realities.

— Habit 4 Think Win/Win p.212 —

人間関係の6つのパターン

Win-Win
自分も相手も勝つ。両者がほしい結果を得る
片方が優勢な案でなく、両者が納得する第3案を発見する

Lose-Lose
自分も相手も負ける
相手を負かしたい一心で、自分にもリスクがあり、不利になる行動をする

Win-Lose
自分が勝ち、相手が負ける
競争の結果、もしくはエゴを通すことで、自分は満足し、相手は言いなりになる

Win
自分だけの勝ちを考える
自分の目的だけを考え、他人の不幸や不利、迷惑などに関心がない状態で行動する

Lose-Win
自分が負けて、相手が勝つ
競争の結果、相手は満足し、自分は言いなりになる。または衝突を避けて、相手の言いなりになる

Win-Win または No Deal
Win-Winに至らなければ、取引しない
Win-Winを目指したにもかかわらず、双方が納得できない場合は、取引自体をしないという選択を行う

Win-Winを求める人に必要なもの

Win-Winの関係作りには、勇気と思いやりが必要だ。自分のWinを得るには、相手に主張する勇気がいるし、相手にWinを与えるには、相手に譲る思いやりが必要だからだ

場合によっては「取引しない」という選択肢もある

Ｗｉｎ－Ｗｉｎが難しい場合、〝Ｎｏ Ｄｅａｌ〟、取引しないという選択肢をとることが理想だ。互いの価値観や目標が明らかに違うなら、無理に取引しない。一方が不満な取引は、長続きしないし、相互に不信を招いて、互いの信頼残高を減らしてしまうからだ。

Ｗｉｎ－Ｗｉｎか、さもなくば、Ｎｏ Ｄｅａｌ。そう強い決断を下せる心が必要だ。状況によっては、Ｎｏ Ｄｅａｌの選択が難しいこともあるが、そんなときも、自分がＷｉｎ－Ｗｉｎ以外の取引をしていることを十分に自覚し、Ｗｉｎ－Ｗｉｎを目指すように心がけよう。

この習慣が人生を変える！

双方に利益をもたらすWin-Winを求めよう。難しい場合は、No Dealを選ぼう。

Ch3-3

第4の習慣／Ｗｉｎ-Ｗｉｎを考える③

他人に〝与える〟人こそもっとも豊かになれる

Ｗｉｎ-Ｗｉｎの関係を構築するには、しかるべき方法がある。Ｗｉｎ-Ｗｉｎを支える5つの柱それぞれについて考え、相互の関係を意識しよう。

Ｗｉｎ-Ｗｉｎのために「幸せは作り出せる」と信じる

幸せとはひとつのかたまりであり、誰かがひと切れとると、自分が損をする。そんな考えを「欠乏マインド」という。他人の成功に対して口では「おめでとう」と言いながら、内心では嫉妬《しっと》に満ちている人たちは、欠乏マインドの持ち主だ。

自分の中に欠乏マインドを感じる人は、今日から「豊かさマインド」に切り替えよう。豊かさマインドとは、「すべての人が満足することは可能だ」と考える気持ち。幸せは限られたパイではなく、新しく作り出していける、と考えるのだ。

Ｗｉｎ－Ｗｉｎの実現には、５つの柱が必要だ（次ページ下図）。豊かさマインドを持つ「人格」、高い信頼残高で得られる良好な「関係」、互いの期待を明確にした「合意」。そして、この３つを支える「システム」（しくみ）とＷｉｎ－Ｗｉｎを求める「プロセス」（過程）だ。

人間関係を決めるシステム

学校では「相手を思いやろう」「友だちを大切に」などと教えられるが、実際のクラスは競争に満ちている。教師たちが、試験の点数で子どもを評価しているからだ。こ

「Win-Winを提唱している一方で、Win-Loseの行動に対する報い（褒賞・報酬・称賛・昇格など）が与えられている場合、**成功することは稀**である」

――「第四の習慣　Win-Winを考える」*p.338*――

If you talk Win/Win but reward Win/Lose, **you've got a losing program** on your hands.

— Habit 4 Think Win/Win p.229 —

“与える”七海のお弁当が増える！

Win-Winを支える5つの柱

- ❶人格　基礎となる自分の人格
- ❷関係　信頼関係
- ❸合意　双方の合意・実行協定
- ❹システム　関係を継続するしくみ
- ❺プロセス　結果に至るためのよい過程

第4の習慣をものにするには？

- 信頼関係を築くためにするべき、普段の態度や行いをリストアップする
- Win-Winの関係を作るための障害と、相手の望んでいる結果を明確にする
- 相互利益を求める相手を思い浮かべ、どうしたら相手を観察・学習できるか考えてみる

のシステムが子どもたちの人間関係を決めてしまっているのだ。

クラス全員でＷｉｎ－Ｗｉｎを手にするには、それに合ったシステムが必要だ。たとえば、全員の合計点数を発表し、その合計を上げるように全員で目標を設定するような方法は有効かもしれない。

プロセスも重要である。Ｗｉｎ－Ｗｉｎという目標に向かって、適切な手順を組み立てるのだ。Ｗｉｎ－Ｗｉｎを意識するあまり、結果ばかりに目を向けていると、到達するまでにつまずいてしまう。Ｗｉｎ－Ｗｉｎという結果のために、適切なプロセスを丁寧に検討するのも大切だ。

この習慣が人生を変える！

豊かさマインドを持ち、相手に積極的に与えていこう。それがＷｉｎ－Ｗｉｎをもたらす。

Ch3-4

第５の習慣／理解してから理解される①

「聞き上手」となって相手をまず理解する

自分のことを理解してほしいという気持ちがあるのに、そのことに成功している人は少ない。それは言いたい気持ちが先走り、相手の話を聞くことができていないからだ。

相手を理解する努力なしでは自分を理解してもらえない

第５の習慣は「理解してから理解される」。理解してもらう前に、まずは相手を理解せよ、ということだ。

結婚して素晴らしい生活が始まると思ったのも束の間、金銭感覚の違いに驚いた、という話はよく聞く。それをグチる人は大抵「どんなに言っても、高い買い物ばかりしてムダづかいする。私は節約しているのに」と相手を批判する。

だが、もしそのズレを直したいのなら、批判するより先に、相手の考え方を理解することから始めるべきだ。なぜ相手がお金を使ってしまうのか。相手にとって大事なものは何か。相手の言葉に耳を傾け、相手の目線で世界を見るのだ。ひょっとしたら、99回の節約を見落とし、たった1回の衝動買いを見て、「ムダづかい！」と非難しているのかもしれない。

聞くことは重要なスキル

相手を理解するには、コミュニケーションのスキルが重要だ。だが、読む・書く・話す・聞くのうち、聞くことの訓練を受けている人は特に少ない。

「『**まず相手を理解するように努め**、その後で、自分を理解してもらうようにしなさい』…この原則が、人間関係における効果的なコミュニケーションの鍵なのである」

――「第五の習慣　理解してから理解される」*p.351*――

Seek first to understand, then to be understood. This principle is the key to effective interpersonal communication.

— Habit 5 Seek First to Understand, Then to be Understood p.237 —

話を聞くことからWin-Winの関係が始まる

聞き方の段階

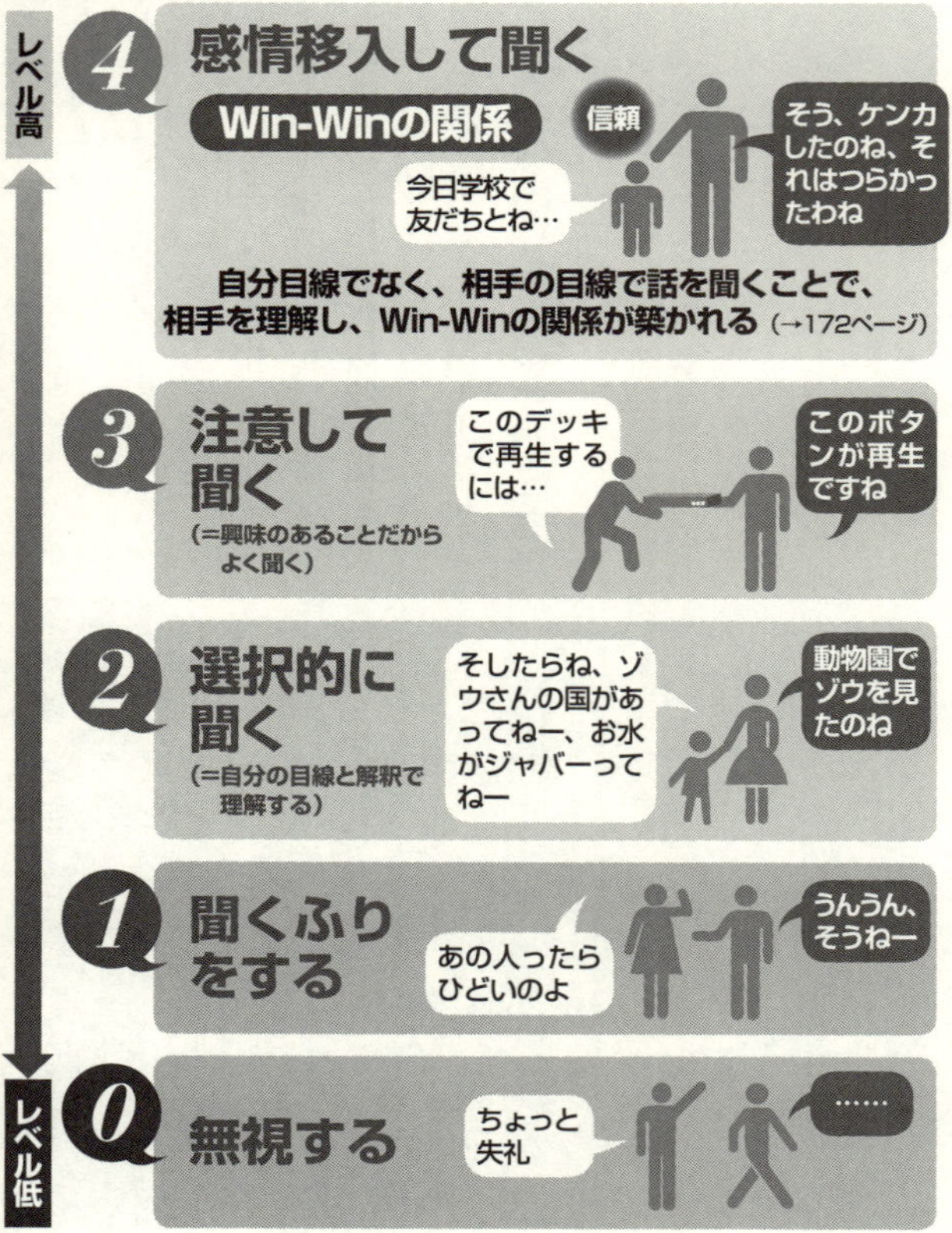

レベル高
レベル低
4
感情移入して聞く
Win-Winの関係
信頼
今日学校で友だちとね…
そう、ケンカしたのね、それはつらかったわね
自分目線でなく、相手の目線で話を聞くことで、
相手を理解し、Win-Winの関係が築かれる（→172ページ）
3
注意して聞く
（=興味のあることだからよく聞く）
このデッキで再生するには…
このボタンが再生ですね
2
選択的に聞く
（=自分の目線と解釈で理解する）
そしたらね、ゾウさんの国があってねー、お水がジャバーってねー
動物園でゾウを見たのね
1
聞くふりをする
あの人ったらひどいのよ
うんうん、そうねー
0
無視する
ちょっと失礼
……

現に、「聞く」態度ひとつをとっても相手に失礼をしている人は多い。無視したり、携帯電話をいじりながら生返事を返したり、「彼とお台場に行ったんだけど」と話題が出るなり、「お台場のあのお店って……」などと、自分の話で相手の話の流れを止めてしまったり。

友人が悩みを打ち明けてきても、「私も同じことがあった」とか「じゃあ、頑張ればいいじゃない」などと、言いたいことを言って、「相談に乗った」と満足している人は多い。だが、それではその人の気持ちを聞いたことにはならない。聞く力を磨く。そのための心がけを次節から見ていこう。

この習慣が人生を変える！

自然の法則のように原則に基づいたパラダイムを持とう。

Ch3-5

第５の習慣／理解してから理解される②

４段階の聞き方で相手の心を開かせる

人の話を聞くときに多くの人がするミスが、「自分語り」をしてしまうこと。そうではなく、相手に感情移入しながら聞くように心がけよう。

自叙伝のようなアドバイスは相手を失望させる

悩みを相談した相手に対し、「私もそうだったが、こんなふうに乗り越えた。だから君もこうしなよ」と自分語りを始めて、アドバイスしてしまう人は多い。

このように、人の話を自分の経験で解釈したり、評価しようとしたりする聞き方をコヴィーは「自叙伝的な聞き方」という。自叙伝的な聞き方をする人は、相手の悩みを結局、自分の視点に置き換え、質問し、解決策を提示しようとする。
だが、そんな自分中心の助言をされて喜ぶ人は少ない。「この人は〝私〟の話を聞いてくれた」とは思えないからだ。

感情移入しながら相手の心を開く

相手の心を開かせるには、感情移入をしながら聞くことが必要だ。コヴィーがあげる聞き方のコツを紹介しよう。
第1段階：話の中身（キーワード）を繰り返す。繰り返すために、注意して相手の言葉を聞くようになる。
第2段階：話の中身を自分の言葉に置き換える。「それは会社を辞めたいっていうこと？」のように、要約した合いの手を入れる。これにより、話の内容を考えながら

「信頼を築き、相手が本音で話せるような人格の土台の上に、**感情移入の傾聴のスキル**を積み上げていかなければならない」

――「第五の習慣　理解してから理解される」*p.353*――

You have to build **the skills of empathic listening** on a base of character that inspires openness and trust.

— Habit 5 Seek First to Understand, Then to be Understood p.239 —

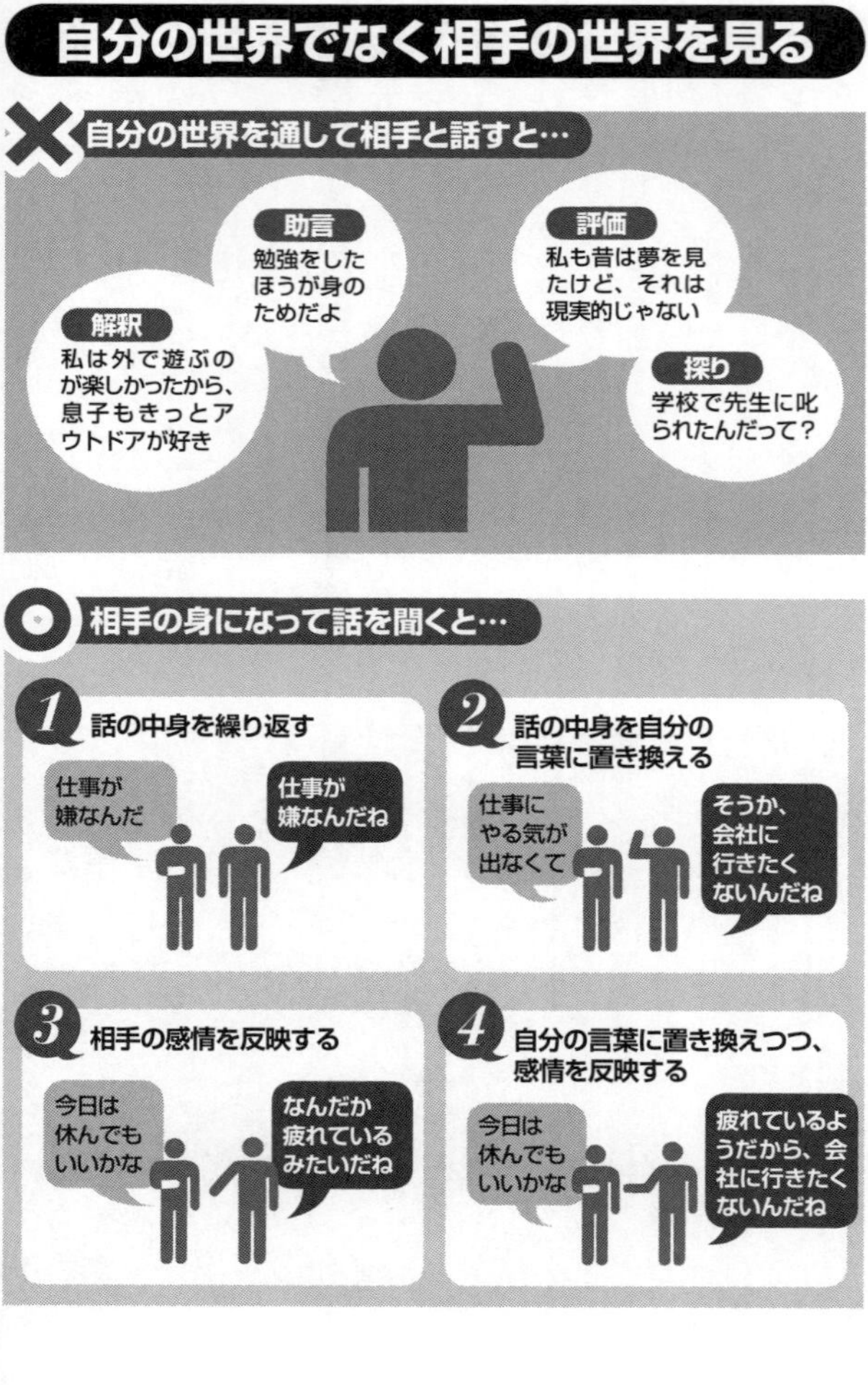

自分の世界でなく相手の世界を見る
自分の世界を通して相手と話すと…
解釈
私は外で遊ぶのが楽しかったから、息子もきっとアウトドアが好き
助言
勉強をしたほうが身のためだよ
評価
私も昔は夢を見たけど、それは現実的じゃない
探り
学校で先生に叱られたんだって?
相手の身になって話を聞くと…
1 話の中身を繰り返す
仕事が嫌なんだ
仕事が嫌なんだね
2 話の中身を自分の言葉に置き換える
仕事にやる気が出なくて
そうか、会社に行きたくないんだね
3 相手の感情を反映する
今日は休んでもいいかな
なんだか疲れているみたいだね
4 自分の言葉に置き換えつつ、感情を反映する
今日は休んでもいいかな
疲れているようだから、会社に行きたくないんだね

聞くことができる。

第3段階：「つらかったね」など相手の感情を反映した言葉で相づちを打つ。相手が何を言っているかより、どう感じているかに注意して聞けるようになる。

第4段階：第2、第3段階を同時に行う。自分の言葉に置き換え、感情を反映した言葉で相づちを打つ。ここに至り、相手は心を開き、信頼感が生まれる。

もちろん、このスキルは、その裏に真心から相手を理解したいという気持ちがなければ意味がない。本当に理解したいという思い、人格、相手との信頼残高があって、初めて聞き方も生きてくるのだ。

この習慣が人生を変える！

話を聞くときは、相手の心を聞く。それが相手を理解する、ということ。

Ch3-6

第5の習慣／理解してから理解される③

信頼と協調性があれば人から理解される！

自分を理解してもらうために、理論武装をしようとするのは間違い。それよりもまず、一対一で相手と向き合い、相手の目から見た自分の人生（あり方）を問い直すことだ。

理解してもらえるかどうかは「日頃の行い」次第

自分を理解してもらうには、「いかに理路整然と伝えるか」が大事だと考えている人は多い。

だが、まずやるべきは、普段の態度や周囲の人への接し方を改めることだ。言動に一貫性がないと思われていたり、他人から嫌われていたりしたら、どんな素晴らしい意見も共感は得られない。オオカミ少年は、いつも嘘をついていたせいで、真実を信じてもらえなかった。

もし、社内で自分の意見を通したいと思うなら、まず会社での態度を改めよう。普段から上司や同僚とよい人間関係を築いておくことで初めて、正しいことが「正しい」と受け入れられるようになる。

「相手を理解する」は練習できる

結局、自分が理解されるためには、相手にどう寄り添うかが大事なのだ。

コヴィーは「第5の習慣」は人を相手に練習できる、という。最初はささいな会話で構わない。一対一で話す機会を設け、自叙伝的な聞き方をやめ、前節で紹介したような聞き方を試してみよう。

「問題が起こる前に、評価したり処方したりする前に、**自分の考えを打ち出そうとする前に**、まず理解しようとする。それが相互依存の強力な習慣なのである」

——「第五の習慣　理解してから理解される」*p.388*——

Before the problems come up, before you try to evaluate and prescribe, **before you try to present your own ideas** — seek to understand. It's a powerful habit of effective interdependence.

— Habit 5 Seek First to Understand, Then to be Understood p.259 —

こんなときは感情移入するのも難しい!?

第5の習慣をものにするには？

- 身近な人に、相手の話を真剣に聞く練習をしたいと伝え、1週間後に気づいたことを教えてもらう
- 信頼関係がうまく築けない相手に対し、相手の立場で問題を書き留める。実際に相手の立場を理解しながら聞くよう努め、予測と現実を比較する
- プレゼンテーションをするとき、相手に感情移入した立場から行ってみる

もし、今誰かとケンカをしていたり、気まずい関係の人がいたら、その人について考えてみよう。相手の立場で考え、その人の目に自分がどう映っているか、書き出してみるのだ。そして、次にその人と接するときには、感情移入した聞き方を心がけ、自分が書き留めたことがどれくらい当たっているかを確認する。

実際にやってみると、感情移入して人の話を聞くことは、意外と難しいことがわかる。

だが、長期的に見ればその実りは大きい。相手のことを本当に理解していれば、話が早いし、目と目でわかり合う、そういう仲になることもできるのだから。

この習慣が人生を変える！

自分の話を理解してもらうために、普段の態度や人への接し方を反省しよう。

Ch3-7

第6の習慣／相乗効果を発揮する①

違う人同士が出会うと新しいものが生まれる

共同作業をするときに、お互いの妥協点で作業をしようとすると、どうしても成果が小さくまとまってしまう。むしろ互いの相違点を生かす発想が必要だ。

相乗効果は妥協よりもはるかに大きな成果をもたらす

第6の習慣は、「相乗効果を発揮する」。相乗効果とは、個別のものが合わさることで、その合計より大きな成果が得られること。「相乗効果は人生においてもっとも崇高な活動だ」とコヴィーは言う。相乗効果を生かせれば、今まで存在しなかった新しいものを生み出せるからだ。

次ページの図を見てみよう。2つの三角形は、AさんとBさんが共同作業を行うイメージだ。このとき一般的には、重なり合う部分を生かす上図の方法が採用される。〝妥協〟である。妥協では1＋1は、最大でも2にしかならない。

今度は、下図のように2つの三角形の外側の辺を伸ばしてみよう。AさんとBさんが能力をそれぞれ発揮し、重ね合わせるイメージだ。すると、より大きな三角形が生まれる。これが相乗効果だ。

相乗効果が起こると、当初の三角形にはなかった部分（第3案）が生み出される。これは妥協よりもはるかに大きな成果をもたらすのだ。

「相乗効果こそが、**原則中心リーダーシップの本質**である。それは人々に内在する大きな力を引き出し、統一し、解放を促す働きをする」

――「第六の習慣　相乗効果を発揮する」*p.391*――

Synergy is **the essence of principle-centered leadership**. ... It catalyzes, unifies, and unleashes the greatest powers within people.

— Habit 6 Synergize p.262 —

相乗効果は1＋1が2より大きくなること

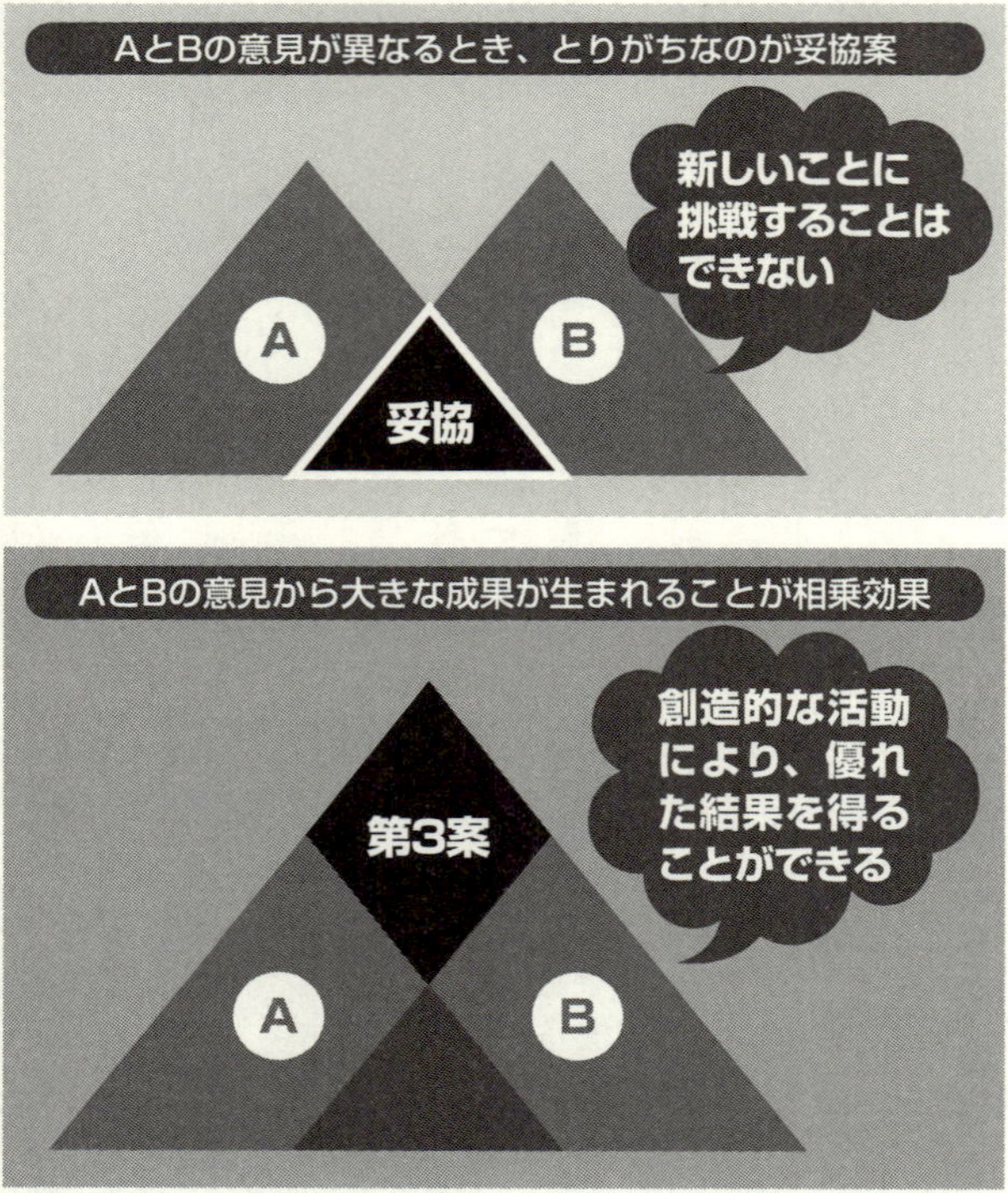
AとBの意見が異なるとき、とりがちなのが妥協案
新しいことに挑戦することはできない
A
B
妥協
AとBの意見から大きな成果が生まれることが相乗効果
創造的な活動により、優れた結果を得ることができる
第3案
A
B

主体性・目的・時間管理・Win-Winの姿勢・信頼関係など、第1～第5の習慣を身につけたうえで相乗効果が発揮できる

人との違いを認め弱点を相手にあえて見せる

だが、力を合わせて何かを作る、というのは難しいものだ。得意分野で力を出せればよいが、苦手分野で「知りませんでした」「間違っていました」とは言いづらい。自分の考え方や能力の限界がバレてしまうのが恥ずかしいからだ。

だが、弱点を見せるとは、自分と相手は違うと認め、相手の長所から学ぶこと。自分の知識や考え方を大きくレベルアップできる。勇気を出す価値はある。

相乗効果を生むために、相手の相違点を尊重しよう。人はそれぞれ違う経験をし、違う人生を生きている。考え方や見方は違って当然。人はみな、自分の視点で世界を見て、考えているのだ。

この習慣が人生を変える！

相手との違いを尊重し、相手の長所に学びながら力を合わせよう。

Ch3-8

第6の習慣／相乗効果を発揮する②

コミュニケーション次第で相乗効果は大きくなる！

相乗効果のカギを握るのは、コミュニケーションの深さ。信頼と協力関係を意識すれば、コミュニケーションはもっと豊かになり、新しいアイデアや成果の呼び水となる。

コミュニケーションの度合いが相乗効果の大きさを決める

共同作業の成果は、コミュニケーションの度合いと関係する（186ページ下図）。まず、「防衛的なコミュニケーション」。相手に対する信頼と協力の度合いが低いため、お互いに守りに入り、自分が損しないことだけを考え、問題が起きたときの逃げ道ばかりを考える段階だ。

次に、「尊敬的なコミュニケーション」。信頼と協力がやや高まり、ある程度の相互理解はなされるが、感情移入には至らず、解決は妥協によってなされる。

そして、信頼および協力の度合いがもっとも高い「相乗効果的なコミュニケーション」。お互いに信頼し合い、協力しようという気持ちが非常に強いので、それぞれの相違点について深く理解し合い、協力して大きな成果を生み出せる。

新しい「第3案」を生み出す

このコミュニケーションは、両者の意見を生かした「第3案」をＷｉｎ－Ｗｉｎで生み出せる。たとえば、子どもの教育で意見が割れる夫婦がいたとする。妻は子どもを英語塾に通わせたい。夫は、そのお金で

「『相乗効果的なコミュニケーション』を行なえば、**一プラス一は八、十六、あるいは千六百にもなる**。…（当事者は）創造的な活動に参加することを、心から楽しむことになる」

――「第六の習慣　相乗効果を発揮する」*p.405*――

Synergy means that **1+1 may equal 8, 16, or even 1600**. ... they(=all parties) genuinely enjoy the creative enterprise.

— Habit 6 Synergize p.271 —

2人の関係はまだ〝防衛的〟レベル!?

愁平!早くゴミ、捨ててきて!ちょっとは協力してよ
うるせーなー今、行ってやろうと思ってたのに…
あーあ…余計なこと言われてやる気なくなったぜ
ブッ
ブッ
ムカッ
ふ…負の相乗効果が…
早く掃除…終えてね…

コミュニケーションのレベル

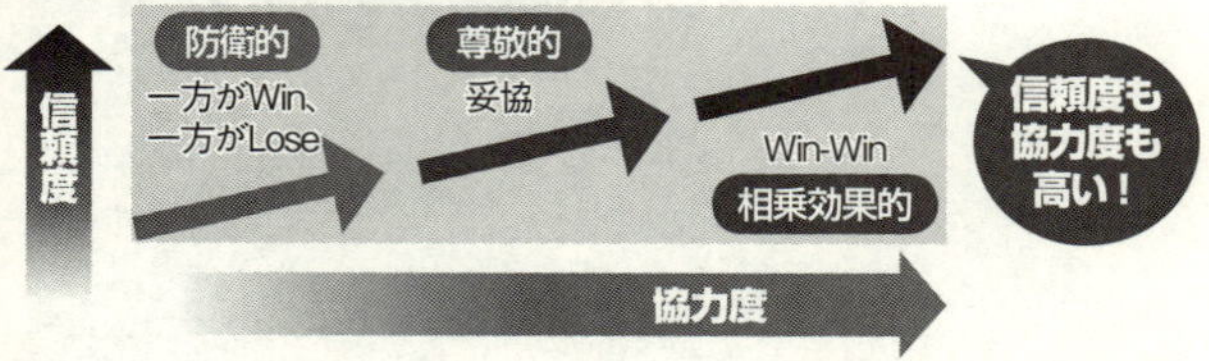
防衛的
一方がWin、
一方がLose
尊敬的
妥協
Win-Win
相乗効果的
信頼度も
協力度も
高い!
信頼度
協力度

「防衛的なコミュニケーション」の典型は、相手への〝保険〟として敷金を求められる不動産取引。「尊敬的なコミュニケーション」は、妥協点を探る段階で、多くのビジネス活動で見られる状況。「相乗効果的なコミュニケーション」では、互いの違いを生かし、貢献し合い、大きな成果を成し遂げられる。サッカー女子ワールドカップで優勝した、なでしこジャパンの強い団結力が好例だ

家族旅行をしたい。

2人の信頼・協力の度合いが低ければ、どちらかが一方的に諦めることになるだろう。少し高ければ、妥協点を見つけられる。塾の代わりに通信教育にして費用を抑え、旅行のお金を蓄える、などだ。

だが、もし夫婦に深い信頼と協力があれば、「第3案」に到達する。たとえば、思い切って海外移住をするという決断だ。英語圏に住めば、英語の習得費はほとんどタダ。旅行も家族で楽しめる。

最後の案は、2人の意見から生まれたWin-Winの相乗効果だ。だが、互いの信頼と協力がなければ、この案は生まれないし、実行する決断も下せない。

この習慣が人生を変える！

相手を信頼して、協力する意識を持つことが、共同作業に相乗効果を生む。

Ch3-9

第6の習慣／相乗効果を発揮する③

すべての習慣を積み重ね根気よく人と接する

相乗効果は至るところに見出せる。障害や争いが多い環境の中でも、必ず相乗効果は発揮できる。

相手を力で押し返すのではなく相乗効果で解決する

１９０ページの図は「今の自分の状況」がどんな状態かを示したものだ。自分は上向きの成長を望んでいる。だが、成長を抑止する力も働いている。この微妙なバランスが「今の状況」だ。この図は、「今の自分」を高めるには、現状やっていることを、より強く突き詰めるだけではダメ、と示している。

伸びようとする自分は、常にさまざまな力によって抑えられている。そんな状況でただ強い力で伸び上がろうとしても、その反発を招いて潰《つぶ》されるだけだ。政治の世界で、改革を強く推し進めようとすればするほど、抵抗勢力の強い反発を招くのに似ている。

そんな状況の改善にこそ、相乗効果の発想だ。第4の習慣のWin-Winを求める姿勢、第5の習慣の相手を理解するスキル、第6の習慣に根ざすコミュニケーションの力。これらを利用して、抑止力との間に相乗効果を生むのだ。

誰とでも相乗効果は発揮できる

だがそれは難しい、と思う人もいるだろう。人の批判しかしない同僚。強引に意見

「(あなたは)相手の相違点を尊ぶことができる。誰かがあなたの意見を否定するとき、次のように言える。『**よかった。あなたは違う意見を持っている**』と」

――「第六の習慣　相乗効果を発揮する」*p.425*――

You can value the difference in other people. When someone disagrees with you, you can say. " **Good! You see it differently**."

— Habit 6 Synergize p.284 —

論理的にやりこめても問題は解決しない

例：田舎を観光地として盛り上げる動きに対し・・・

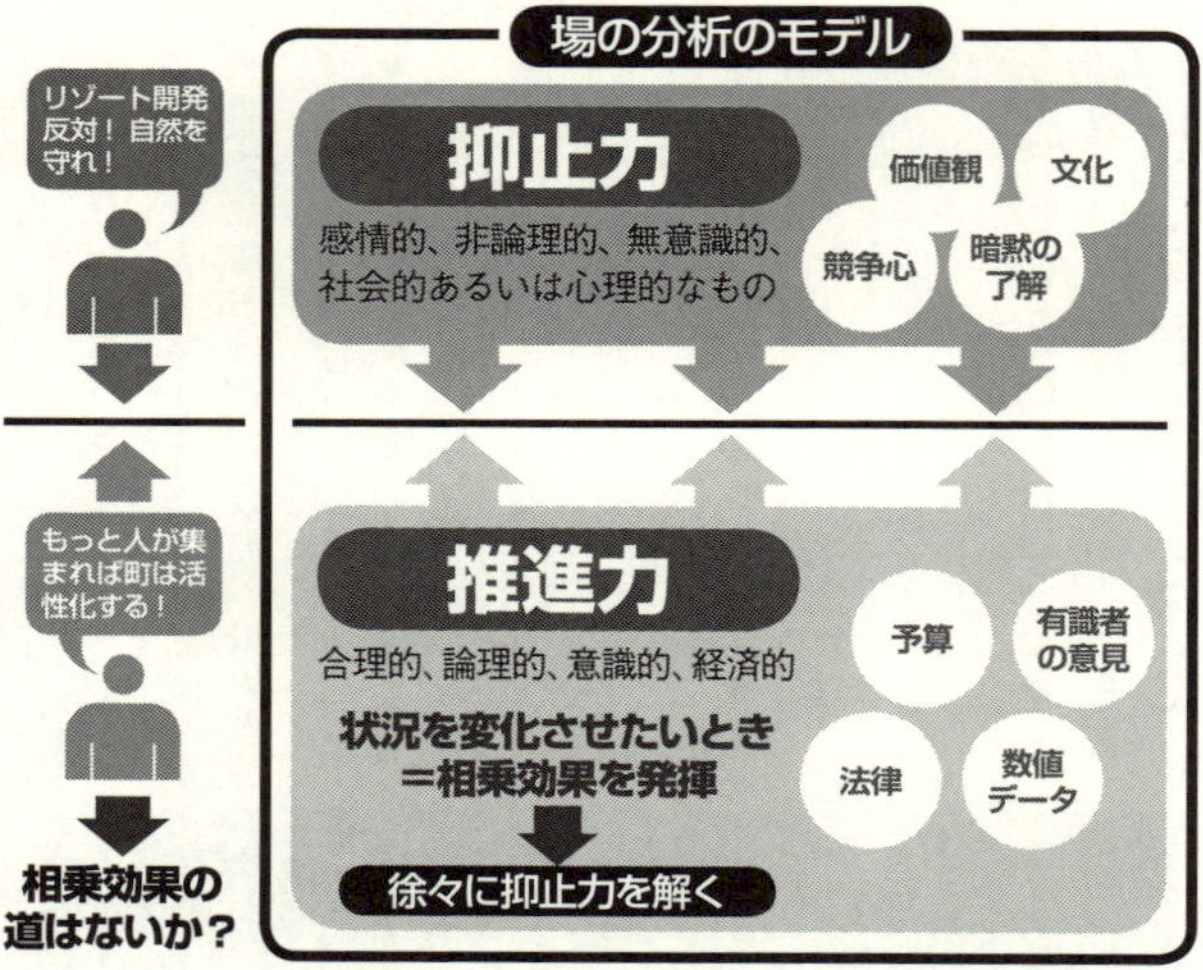
リゾート開発反対！ 自然を守れ！
もっと人が集まれば町は活性化する！
相乗効果の道はないか？
場の分析のモデル
抑止力
感情的、非論理的、無意識的、社会的あるいは心理的なもの
価値観
文化
競争心
暗黙の了解
推進力
合理的、論理的、意識的、経済的
状況を変化させたいとき＝相乗効果を発揮
徐々に抑止力を解く
予算
有識者の意見
法律
数値データ

カート・レビンという心理学者の「場の分析」に関するモデル図。成長を目指して高くジャンプするだけでは、すぐに押し返されてしまう。抑止力をうまく生かした相乗効果の道を探ろう

第6の習慣をものにするには？

- 現在進行中の問題で、自分の意見に固執していないか、異なる意見に価値を見出し、第3案を打ち出せるか考えてみる
- 気に障る人をリストアップし、相違点をプラスに考え、相乗効果を生み出すためにできる行動を考える
- 高いチームワークと相乗効果がほしい状況を想定し、それを行う条件や自分にできることを書き出す

や条件を押しつけてくる上司や取引先。人を振り回し、関係の主導権を握りたがる友人。そんな抑止力として働く相手との相違点を尊重する気持ちになるなんて、とんでもない。感情移入なんてもってのほか、と考えるわけだ。

しかし、たとえ周りの人がどれだけ攻撃的で批判的だろうとも、自分は自分の原則を守り、「7つの習慣」を実践し、自分らしくあるべきだ。自分の人生をどう生きるかは、あなたの問題だからだ。

どんな相手であっても、違いを尊重し、相乗効果は発揮できる。そう信じて、根気よく人と接するようにしよう。

この習慣が人生を変える！

自分を抑える相手との相乗効果の道を探ろう。大きな成長が待っている。

Column 3

結果を求めるために過程を重視する「P／PCバランス」という考え方

あるところに、金の卵を産むガチョウがいた。それを手に入れた農夫は大金持ちになったが、やがてガチョウが卵を1日にひとつしか産まないことに不満を持ち、卵を一度にたくさん手に入れようとしてガチョウを殺して腹を開いてみた。だが、中は空っぽだった。農夫は二度と金の卵を手に入れられなくなってしまった――。

コヴィーはこの話を「P／PCバランスを考えていなかったために起こった」と言う。Pとは、Performance（望む成果）。つまり望む結果や、目標達成のこと。またPCとは、Performance Capability（望む成果を生みだす能力や資源）。目標達成のための能力やそれを可能にする資源のことだ。

多くの人は、ものごとの結果を得ることを急ぎすぎている。だが、本当は、それを可能にする能力や資源を育てる長い目を持つことが重要だ。そのとき、常に「何のために努力するのか」を考えることが大切だ。だが、結果ばかりに目を奪われると、方法のあやまちに気づかないおそれがある。そこで「P／PCバランス」つまり、「P」と「PC」のバランスを常に考える必要があるわけだ。農夫が望む結果を得るには、ガチョウを健康に育てることが大切だったのだ。

目標達成のために「PC」を高めるにはどうすればよいか」を考えると、大抵の場合、もっとも健全で合理的な方法は、結局のところ、自分を高めることに行き着く。

試合に勝つ、試験に合格する、営業成績を上げる、一戸建てに住む、独立開業・起業する……。誰もが、何かの目標を持っている。だが、「結果を出す」という事実にこだわりすぎると、誤った方法に走ったり、後で悔やまれる妥協をしたりすることもある。

常に、Pに対するPCのバランスを意識して「7つの習慣」を実践していこう。

PC（成果を出す能力）
目標設定のために
自分を高める
このバランスを
常に意識する
P（望む成果）
今の自分に現実的な
目標を設定する

第4章

日々、自分の器を大きく育てる

――6つの習慣の下地を作る第7の習慣――

第1～第6の習慣で得た力を発揮するには、自分自身が大きな人間に成長していく必要がある。そこで重要なのが第7の習慣。コヴィーはこれを、「刃を研ぐ」習慣、と言う。自分の器をバランスよく育てていこう。あなたの存在感も日々、増していく。

刃を研ぐことは第二領域（重要であるが緊急ではない）
の活動であり、第二領域は、
自ら率先して行なわない限りは実行できない領域である。

――「第七の習慣　刃を研ぐ」p.434 ――

まんがでわかる「第7の習慣」

バランスのとれた人間の〝ゴール〟

※このまんがはフィクションです。登場する人物、団体名などはすべて架空のものです。
※まんが内のセリフ等で、文字が太くなっている内容は、コヴィー氏の「7つの習慣」の代表的なエッセンスです。

へー
今度私も行こうかなぁ
いいねー
ぜひいらして
美容師の腕もいいし…
素敵な〝庶民〟のお店なのよ
あはは何それー
最近、なんか…楽しそうじゃん？
……
おかげさまで

よかったな
クラスにもなじんでるみたいだし
最初はどうなることかと思ったけど…安心した
転校初日にオレが言ったことが…ヘンにプレッシャーになってるんじゃないかと気になってたんで…
そんなことないわ
え？
どき
私が今…クラスになじめているのも、毎日が充実しているのも…
変わらなきゃって…あなたが気づかせてくれたおかげだもの
感謝しているわ
ありがとう！
愁平

…！
…な
ならいいんだけど…
あら？
庶民の遊ぶところってちっせー
小さくないもんっ
あれ、聖カトレアの初等部の制服だわ
うわー！昔の七海みたいだな
なっ!?
私、あんなじゃなかったわよ！
そっかー？
あんな感じだったぞ？
ガーン
うっ…嘘…
ああやってイヤな態度をとってるけど、あの子、きっと…
本当はいっしょに遊びたいと思ってるんだよな。そういうとこ、そっくりじゃん

言われてみれば…
昔の私に
似てるかも…
昔の私――
〝庶民〟を連発
するところまで
そっくりだぜ!
…って
おい!
どこ行くんだよ!?
すた
すた
ちょっと!
そこの
お子さま方!
!!
なっ
なんだよ
お前…
あなた!
ビシッ
そんな態度ばかり
とっていると
大きくなってから
後悔するわよ!
ぎくっ
はぁ?
いきなり
何なんだよ
本当は…
友だちがほしくて
仕方がないん
でしょう?
ぽかーん
なっ!

あなた、いつもそんな態度ばかりだから友だちなんていないでしょ?
ぎくっ
うっ…!!
私もそうだったからわかるのよ
うるせーな!わかったようなこと、言うんじゃねぇよ
きぃぃ
お金持ちなのを鼻にかけて…
誰に対してもえらそうに、人を見下して…
そんなんじゃ…友だちなんてできなくて当たり前だよね
お金持ちだって庶民だって…誰だって同じ人間だし…上も下もないの
そんな当たり前のことに…私もつい最近気づいたのよ
あなたならまだ大丈夫!
もっと自分の気持ちに素直に、あなた自身が変わればいいの!
そうしたら周りも変わるわ!ちゃんと頭も身体も心も鍛えなきゃ
……
ぽんっ
頑張れよ

わかったか？
ばっ
……
チラッ
あぁ、
まぁ…
なんとなく…
ほっ
七海ちゃん、
最初と比べると
雰囲気が
ずいぶんやわらかく
なったよな
……
ぬっ
！
あっ、兄貴！
いつの間に…
ひっ
本当に…
よくやって
くれているよ、
七海ちゃん
あぁ…
あいつは
自分を変えようと
すごく努力して
いたからな
また来るわね
ばいばーい

今の七海は…
以前とはまるで違うよ。自分の〝刃〟が研げている…って感じ!?
あふ／
ぶっ
な…なんだよ
ふーん お前も…
はは
七海ちゃんに負けないよう知性や心も鍛えないと…な♪
はっ!? 何を!!
はっはっはっ
いやぁ、別に… 青春っていいなぁー
私、元お金持ちのお嬢さま・西園寺七海
もうっ!
いったい何なんだよー
うるさいわよ愁平
素敵な人たちに囲まれて…毎日楽しい〝庶民〟生活を送っています――

Ch4-1

第7の習慣／「刃を研ぐ」①

自分への投資なくして成功はあり得ない

第7の習慣「刃を研ぐ」とは、第1～第6の習慣の効果をより力強く発揮させるために、さらに自分を高めることだ。その内容を見ていこう。

「刃を研ぐ」とは「自分に投資する」こと

本章では、6つの習慣を支える第7の習慣「刃を研ぐ」について見ていこう。これは簡単に言えば、「自分へ投資する」ことを意味している。

6つの習慣を振り返ってみよう。主体性を発揮する（第1の習慣）、目的を持って始める（第2の習慣）、重要事項を優先する（第3の習慣）、Ｗｉｎ－Ｗｉｎを考える

（第4の習慣）、理解してから理解される（第5の習慣）、相乗効果を発揮する（第6の習慣）。すべてができている人がいたら、それは素晴らしい人物に思えるかもしれない。

第7の習慣が成功のカギを握る

しかし、この人物が、多忙のあまり運動不足で太っていたり、健康状態に不安があったら？　頑張っていても、自信が持てず、いつも不安を抱えていたら？　読書が苦手で、知識はインターネットで仕入れた表面的なものばかりだったら？　仕事に追われ、家族とほとんど会話ができない状態だとしたら？　それでもこの人は「素晴らしい人物」だろうか。

自分自身という唯一無二の資源を維持し、

「つまるところ、人生に立ち向かうために、そして貢献するために**使える道具は、自分自身しかない**のであり、自分の出す業績はすべて、その道具を活用してつくり出すものである」

――「第七の習慣　刃を研ぐ」*p.434*――

... ourselves ...(is) the only instrument we have with which to deal with life and to contribute. We are the instruments of our own performance, and to be effective...

— Habit 7 Sharpen the Saw p.289 —

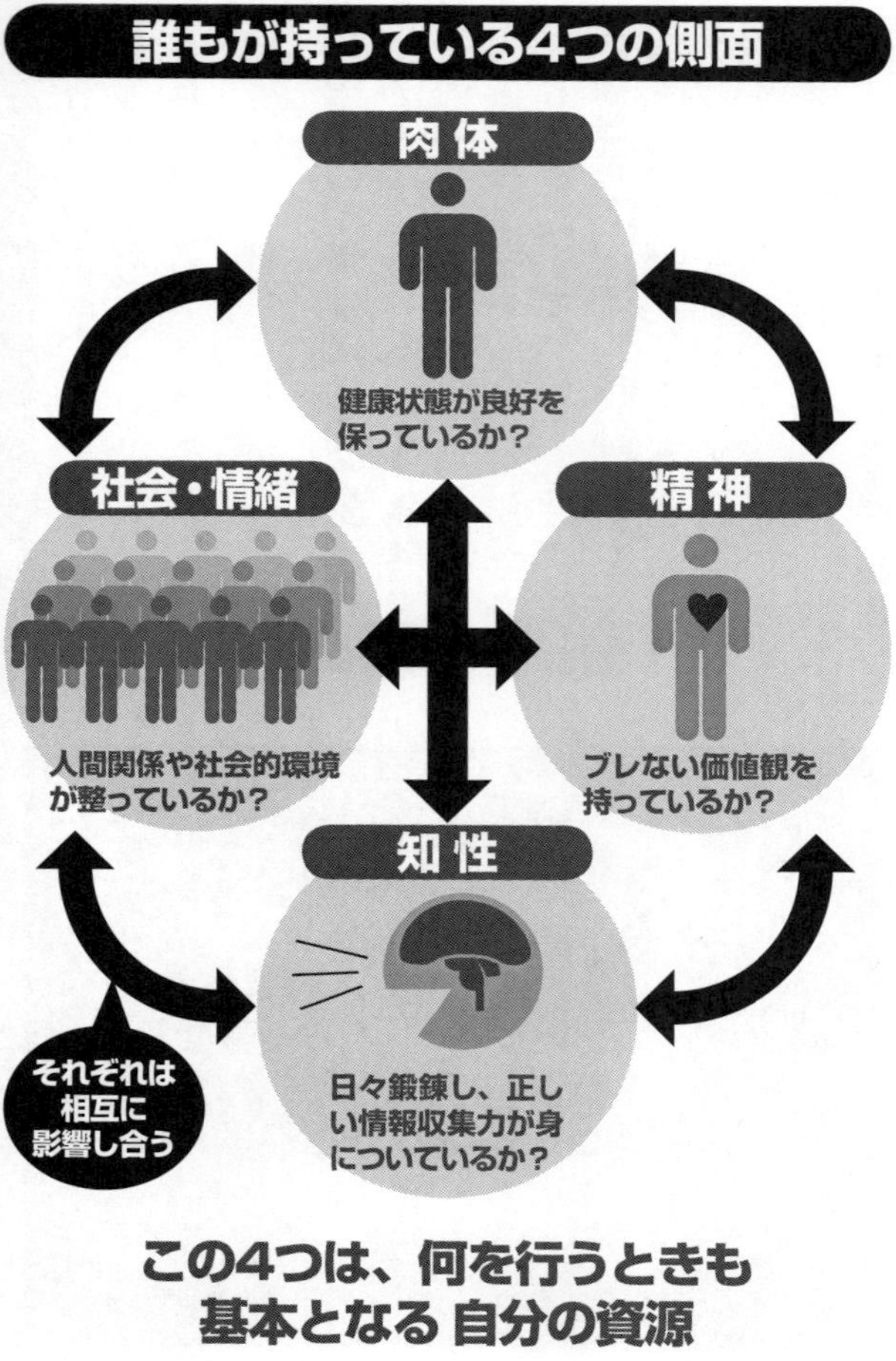
誰もが持っている4つの側面
肉体
健康状態が良好を保っているか？
社会・情緒
人間関係や社会的環境が整っているか？
精神
ブレない価値観を持っているか？
知性
日々鍛錬し、正しい情報収集力が身についているか？
それぞれは相互に影響し合う
この4つは、何を行うときも
基本となる 自分の資源

高めていくことで、初めて人は成長できる。

コヴィーはこのことを「自分の中にある自然から授かった4つの側面〈肉体、精神、知性、社会・情緒〉のそれぞれを再新再生《リニューアル》させること」と呼んでいる（右ページ図）。これら4つの側面を、忙しい毎日の中、定期的にバランスよく磨き、向上させることが成長には欠かせない、ということだ。

いくら6つの習慣が身についていても、「刃を研ぐ」ことを怠ると、すべてがムダになることもある。その点で、第7の習慣は、他の6つの習慣を支える基礎とも言えるのだ。

この習慣が人生を変える！

肉体、精神、知性、社会・情緒の4つの面で自分自身を磨き、向上させよう。

Ch4-2

第7の習慣／「刃を研ぐ」②

肉体を毎日鍛えながら精神を磨き上げる

肉体、精神、知性、社会・情緒の4つの側面に関して「刃を研ぐ」ことが重要だと述べた。まずは最初の2つ、肉体と精神について見ていこう。

運動によるメンテナンスで肉体面の刃を研ぐ

「肉体的側面で刃を研ぐ」とは、どういうことだろうか。これは文字通り、運動によって身体をメンテナンスすることだ。

「運動する時間がない」と言う人は多い。だが、それはウソだ。

健康維持のために必要な運動時間は、1週間にわずか3～6時間とされている。この数時間だけで1週間の残り162〜165時間の生産性を上げられるのだ。「運動できないほうが時間がもったいない」と考えるほうが健全だろう。

運動では、次の3つを意識しよう。

まずは「持久力」。ランニングや水泳などの有酸素系運動で心肺機能を鍛えるのだ。次に「柔軟性」。運動の前後にはストレッチを取り入れて筋肉の柔軟性を高めよう。そして「強さ」。これはいわゆる「筋トレ」だ。自宅でやるなら、腹筋や背筋、腕立て伏せなどでいいだろう。

プロのアスリートでない限り、筋トレは有酸素系運動とストレッチの合間に少し取り入れる程度で十分だ。

「運動することで得られる最大のメリットは、**第一の習慣である主体性という精神的な筋肉を鍛える**ことだろう」

――「第七の習慣　刃を研ぐ」*p.439*――

Probably the greatest benefit you will experience from exercising will be **the development of your Habit 1 muscles of proactivity.**

— Habit 7 Sharpen the Saw p.292 —

自分自身を磨く(刃を研ぐ)の一例

肉体を磨く

食事・休養・運動によって身体をメンテナンスすること

➡ 1日おきに30分程度からでも、運動の時間を確保する

➡ 早歩きのウォーキングなどで持久力を鍛えたり、ストレッチで筋肉の柔軟性を高めたりするだけで効果的

➡ 1日3食、規則正しく食事をして、十分な睡眠をとる

第1の習慣／主体性を発揮する

精神を磨く

心を静め、穏やかにできる空間を作り、自らの価値観を深く見つめる

➡ たとえば瞑想・ヨガなど、自分自身を見つめ、考える時間を作る

➡ 文学や音楽に触れたり、自然の中に身を委ねるなど、自分のリフレッシュ法を見つける

第2の習慣／目的を持って始める

知性を磨く

自分自身を常に向上させ、情報選択・収集力を身につける

➡ だらだらとテレビを見る時間を、自分の鍛錬の時間に替える

➡ 優れた書物を読むことで社会に対する理解を深める

➡ 日記をつけたり手紙を書いたりすることで、自らの経験や考えをまとめてアウトプットする練習をする

第3の習慣／重要事項を優先する

社会・情緒を磨く

他人との関係を強化することで、心の平安を保つ

➡ 意見が異なる人に、納得できる案ができるまでコミュニケーションしたいことを告げる

➡ 相手の立場を尊重して、話を聞く

➡ お互いの相乗効果が発揮できる第3案を生み出せるよう努力する

第4の習慣／Win-Winを考える

第5の習慣／理解してから理解される

第6の習慣／相乗効果を発揮する

精神面の刃を研ぐには価値観と向き合うこと

次に、「精神的側面で刃を研ぐ」の意味について考えよう。第2の習慣で行う自分への反省とも深く関係している。

これは心を穏やかにして、自らの価値観を深く見つめる、という営みを指す。文学や音楽に触れてもいいし、海や山など、自然の中に身を置いてもいい。自分の心と向き合う時間を大切にしよう。

キリスト教の改革者マルチン・ルターには、こんな言葉がある。「今日はすべきことがあまりにも多いから、1時間ほど余分に祈りの時間をとらなければならない」。

精神も肉体と同様、忙しければ忙しいほど、磨き上げる時間を確保する必要があるのだ。

この習慣が人生を変える！

肉体は適度な運動で、精神は自身の価値観と向かい合うことで、〝刃〟を研ごう。

Ch4-3

第7の習慣／「刃を研ぐ」③

社会・情緒の研鑽《けんさん》は他者との関係性で鍛える

前節に引き続き、ここでは知性、社会・情緒の2つの面について「刃を研ぐ」ことの重要性を見ていこう。4つの側面で自分を磨くことで、人間に安定性が増すのだ。

優れた本を読むことで知性の刃を研ぐ

学校を卒業すると、多くの人は読書などで身近な仕事や生活に関係しない分野の知識を増やすことをやめ、自分の考えを書くこともしなくなる。これでは、知力は下がってしまう。

そこで知的能力をどう高めるか。その最適な方法は、とにかく優れた本を読むこと。

最初は1カ月に1冊でいい。次は2週間に1冊。そして1週間に1冊……と、少しずつペースを上げていく。優れた書物を読むことで、社会に対する理解を深めていくことができる。そのうえで、自らの経験や考えをまとめ、アウトプットする、という意味では、日記をつけることもおすすめだ。

コヴィーは知性に加え、前節で述べた肉体、精神の刃を研ぐことを、「毎日の私的成功」と呼ぶ。これを身につけることにより、長期にわたって肉体的、精神的、知的に強くなることができるのだ。

自分の価値観に忠実に振る舞う

4つ目の「社会・情緒」の研鑽は、自分だけではなく、他者との関係の中で行うという点で、他の3つとは性格が異なる。ま

「この（毎日の私的成功の）習慣こそが、あなたの行なうすべての決断、あなたの持つすべての人間関係、残りのすべての時間、睡眠の深さに至るまで、**多大な影響を及ぼす**のである」

――「第七の習慣　刃を研ぐ」*p.447*――

It (=the Daily Private Victory) will affect every decision, every relationship. It **will greatly improve** the quality, the effectiveness, of every other hour of the day, including the depth and restfulness of your sleep.

— Habit 7 Sharpen the Saw p.296 —

七海と愁平、知性の差は歴然！

たこれは、公的成功を目指す第4、第5、第6の習慣のために必要だ。

公的成功を手に入れるには、自分の内面が安定している必要がある。そのために、人前でも自分の価値観に忠実に振る舞うことで、自尊心を高める。これが社会・情緒の面で「刃を研ぐ」ことになる。

コヴィーは、「有意義で人の役に立つ奉仕も内的な安定性を与える」と言う。仕事も、もちろん奉仕活動のひとつ。人に自分のことをよく思ってもらいたいという気持ちではなく、他の人の生活によい影響を与えたいという気持ちで向き合うことが大切だ。

この習慣が人生を変える！

読書習慣で知性を、自分の価値観に忠実に生きることで社会・情緒面を磨こう。

Ch4-4

第７の習慣／「刃を研ぐ」④

自分の「刃を研ぐ」ことで周囲の支えにもなれる

「刃を研ぐ」ことの効果は、単に自分自身が強くなることに留まらない。自分の価値が高まれば、その分、人は人の支えになることができるからだ。

人に支えられるあなたもまた、人の支えになれる

人は誰しも、周囲の人に支えられて生きている。落ち込んでいるときに、そばにいてくれた人のおかげで立ち直った経験がある人は多いだろう。それは、その人があなたの可能性を信じ、あなたに対し積極的なイメージを持ち、あなたの主体性を理解し、肯定してくれたからだ。

ならば、あなた自身も、周囲の人にとってそうした存在になれるはずだ。夫や妻、子ども、同僚、友人など、周囲の人と接するときは、それまでの記憶に縛られてはいけない。常に、会うたびに新しい視点でその人を見よう。その人の新たな可能性を発見し、その存在を生かすことをいつも考えてほしい。

組織も「刃を研ぐ」ことが大事

このような人への働きかけをコヴィーは「自己の再新再生《リニューアル》」と呼ぶ。人を支えることで新たな自分の価値に目覚め、より高いレベルで自己を肯定し、自分らしさ、「自分とは何者か」に目覚めるのだ。

そのためにも、肉体、精神、知性、社会・情緒の4つの面でバランスよく「刃を研ぐ」

「ゲーテは次のように教えた。／『現在の姿を見て接すれば、人は現在のままだろう。**人のあるべき姿を見て接すれば**、あるべき姿に成長していくだろう』」

——「第七の習慣　刃を研ぐ」*p.455*——

Goethe taught, "Treat a man as he is and he will remain as he is. **Treat a man as he can and should be** and he will become as he can and should be."

— Habit 7 Sharpen the Saw p.301 —

世の中の評価は社会の鏡に依存している

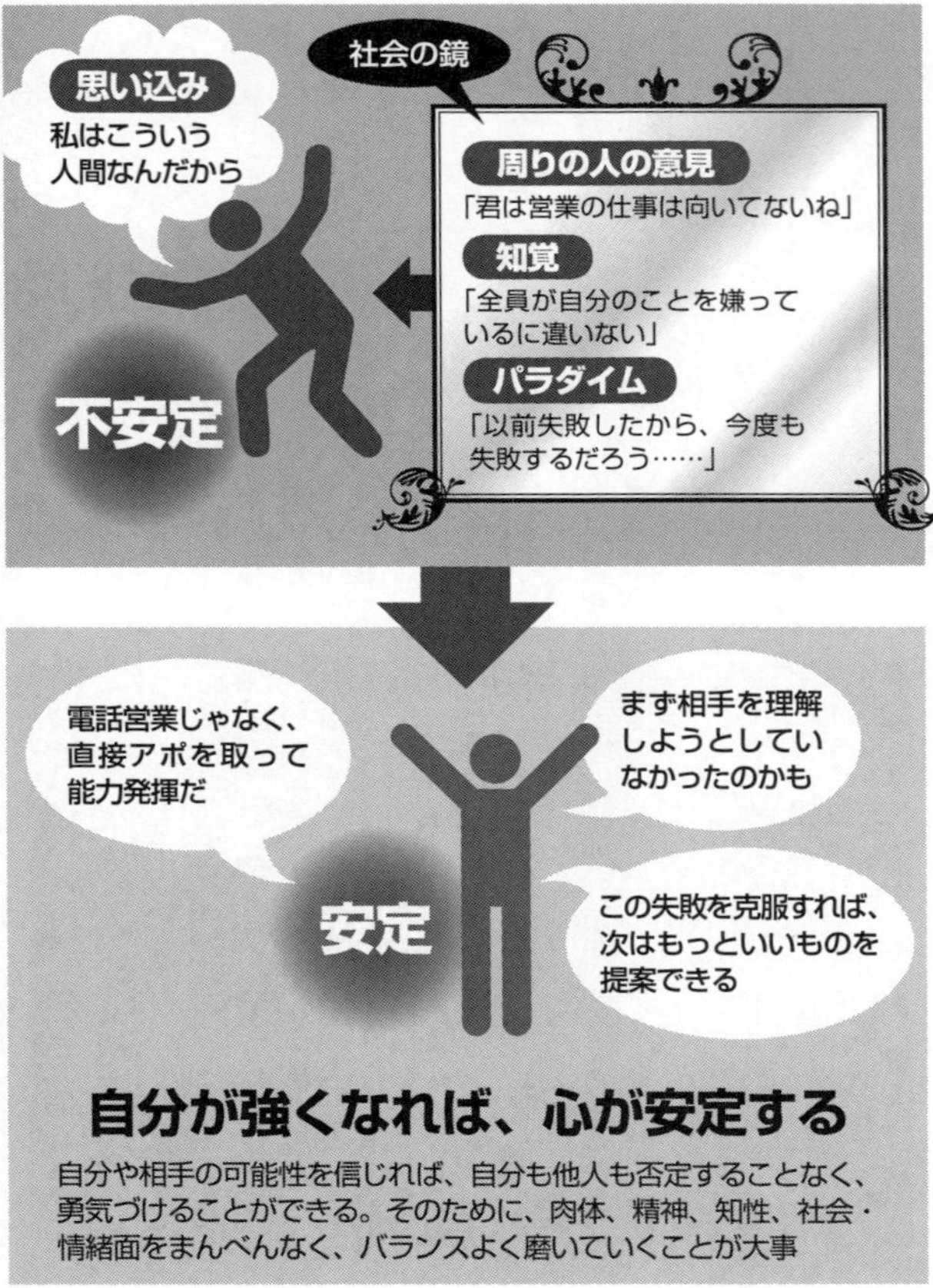
思い込み
私はこういう
人間なんだから
社会の鏡
周りの人の意見
「君は営業の仕事は向いてないね」
知覚
「全員が自分のことを嫌って
いるに違いない」
パラダイム
「以前失敗したから、今度も
失敗するだろう……」
不安定
電話営業じゃなく、
直接アポを取って
能力発揮だ
まず相手を理解
しようとしてい
なかったのかも
安定
この失敗を克服すれば、
次はもっといいものを
提案できる
自分が強くなれば、心が安定する
自分や相手の可能性を信じれば、自分も他人も否定することなく、
勇気づけることができる。そのために、肉体、精神、知性、社会・
情緒面をまんべんなく、バランスよく磨いていくことが大事

必要がある。ひとつでも疎《おろそ》かにすれば、他の3つに悪影響が及び、刃を研ぐ行為がムダになってしまう。

この話は、組織についても同様だ。

個人でいう肉体、精神、知性、社会・情緒は、組織に当てはめるとそれぞれ「経済的側面」「組織の目的・貢献の意味の発見」「人の才能の開発・活用・評価」「人間関係・利害関係者との関係・従業員の扱い方など」となる。お金を稼ぐことしか考えない組織はいけないし、社員の教育を軽んじる組織もいけない。4つの側面をバランスよく再新《リニューアル》再生させていかなくては、社会に貢献する（＝社会を支える）一員にはなれない。

自分を磨くことで、人の支えになろう。その意識は組織の運営にも役立つ。

Ch4-5

「7つの習慣」を一体として振り返る

「7つの習慣」は相乗効果でより高い成果を生む

「原則に基づくパラダイム」を頭で理解するのは簡単だ。だが、その正しさを実感し、行動に深く結びつけるのには時間がかかる。習慣を通して変わる、という発想が必要だ。

「7つの習慣」は切り離して考えてはいけない

前節で4側面をバランスよく磨くことが重要だと述べた。それは、それぞれが深い相互関係にあるからだ。肉体の健康は精神の健康に影響し、精神の健康は社会・情緒の面での安定につながる。

相乗効果があるという点については、「7つの習慣」それぞれの習慣も同じだ。

たとえば、主体性を発揮するほど（第1の習慣）、自己のリーダーシップをとる能力が向上し（第2の習慣）、自己管理の土台も強固になる（第3の習慣）。

自己管理が上手になれば（第3の習慣）、第2領域の活動である自己の鍛錬にも時間がとれるようになる（第7の習慣）。相手を理解しようとする意識も高まるから（第5の習慣）、Ｗｉｎ－Ｗｉｎをもたらす解決方法を見出すことにも長けてくる（第4と第6の習慣）。

自立に至る習慣（第1、第2、第3の習慣）を改善すれば、相互依存的な関係を作る能力が増す（第4、第5、第6の習慣）。そして刃を研ぐほど（第7の習慣）、他の6つの習慣すべてを高いレベルにまで引き上げることができるわけだ。

「良心とは、私たちの心が澄んでいるとき、原則に沿っているかどうかを感知させてくれ、**原則に近づかせてくれる**ために人間に与えられた賜物である」

――「第七の習慣　刃を研ぐ」*p.461*――

Conscience is the endowment that senses our congruence or disparity with correct principles and **lifts us toward them** — when it's in shape.

— Habit 7 Sharpen the Saw p.305 —

らせん状に継続することで成長

正のスパイラル

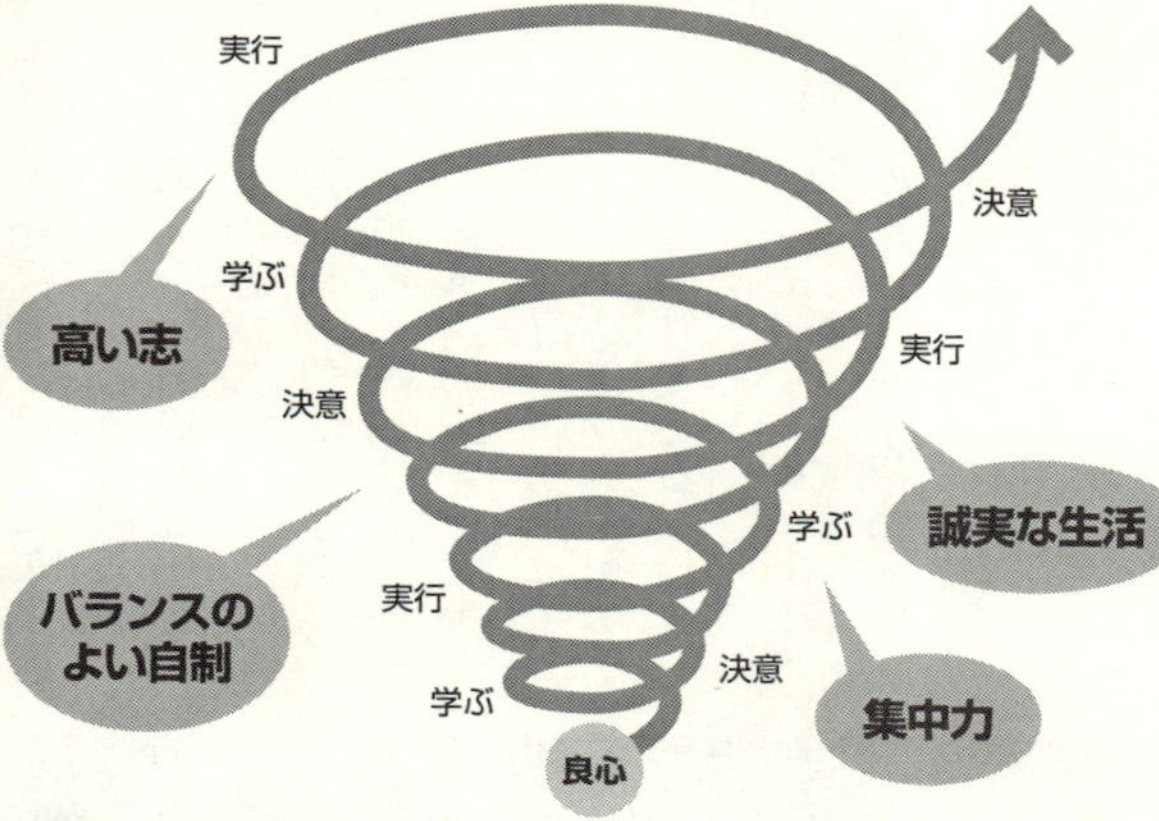

決意し、実行し、学んでいくことの繰り返しで、成長、変化、改善という循環を生み出せる

第7の習慣をものにするには？

- 自分の健康状態を良好に保つために、継続できる活動をリストアップし、計画を立てる
- 精神的・知的な活動、改善したい人間関係をリストアップし、今週の目標に取り入れる
- 毎週、4つの側面それぞれを磨く活動を決意・実行し、実績を評価する

目指すべきは、「7つの習慣」を通じた自分自身のリニューアル。それは、らせん状の好循環で自分が高まっていくイメージである。

「良心」を意識してらせん状の成長を目指す

ただし、この循環に乗って成長を遂げるためには、「良心」を忘れてはいけない。自分は正しいことをしているか、道を誤っていないか。それを常に感知してくれる「良心」の声を意識しながら、より高い次元で「決意」「実行」「学び」を繰り返す必要がある。ひとつも欠けてはならない。すべてを繰り返すことでしか、成長はできないのだ。

この習慣が人生を変える！

「7つの習慣」は全体を通してひとつの流れとなる。関連性を意識して実践しよう。

Ch4-6

再び「インサイド・アウト」へ
自分で自分の人生は変えられる！

つまるところ、「7つの習慣」によって私たちは何を手に入れることができるのか。単なる「成功」ではない。それは自分の人生の流れを自分で変える力だ。

従来の考え方にこだわってはいけない

『7つの習慣』を通じてコヴィーが一貫して必要性を訴えているものは、62ページで解説した「インサイド・アウト」という考え方だ。つまり、それまでの経験や知識による偏った見方にこだわらず、物の見方を変えようということだ。

「問題は自分の外にある」と考えていては、いつまで経ってもその問題は解決できない。まずは自分自身の内面を変えること。そして「7つの習慣」を実践すれば、人は成功することができる。

たとえばあなたが子どもの頃、両親から虐待《ぎゃくたい》を受けたとしよう。心理学の研究によると、そうした子どもは将来自分が親になったときに、自分の子どもを虐待してしまう確率が高いという。だが、あなたには主体性がある。子どもを愛する気持ちを強く肯定し、行動すればいい。「虐待されたから虐待する」というのは言い訳にすぎない。問題を自分の外にあると考えること自体が問題なのだ。虐待という負の連鎖は、あなたが自分で断ち切ることができるのだ。

「根本的な変化は **インサイド・アウトから起こる** ものであり、応急処置的な個性主義のテクニックで行動や態度といった葉っぱをいじって達成できるものではない」

——「再びインサイド・アウト」*p.478*——

Change — real change — **comes from the inside out**. It doesn't come from hacking at the leaves of attitude and behavior with quick fix personality ethic techniques.

— Inside-Out Again p.317 —

女の子が「ひとつになる」と恐ろしい……

困ったらいつでも原則に立ち返ろう

「7つの習慣」の実践で到達できる本当のゴールは、自分自身のみならず、家族や友人、仕事の同僚と「ひとつになる」こと。この状態を作り出すには、個々の問題に応急処置的な対応をしていてはいけない。常に原則に立ち返ろう。「インサイド・アウト」の考え方に立ち返り、問題を見直すことだ。最初は難しいし、ぎこちなく感じることもあるだろう。だが、この考え方を実践していけば、必ず真の成長の喜びが待っている。

自分の人生は、そして周りの世界は、自らの意志で変えられる。そう信じて行動していこう。

「インサイド・アウト」で考えれば、自分の人生の「流れを変える人」になれる。

Column 4

教育ノウハウとしても最適
「やればできる」を子どもたちが実感できる！

「7つの習慣」は、夢を叶える習慣だ。大人はもちろん、子どもの頃から実践することで「目標を達成する」意識や行動をよりしっかりと根づかせることができる。学校では、どうしてもテストの点数や試合の結果など、表面的な評価が重視されてしまうため、勉強やスポーツが苦手な子の場合、「どうせ頑張ってもできない」という価値観（パラダイム）を持っていることも多い。

だが、「7つの習慣」の考え方を通して「本当の成功とは何か?」を学び、大きな目標に近づくために小さな目標を次々にクリアしていく達成感を味わうことを覚えれば、そのパラダイムは「やればできる」に変わっていく。

「7つの習慣」は、「7つの習慣J」という中学、高校、専門学校、塾に向けたカリキュラムとして、日本全国約30校で正課授業に導入されている。講義やディスカッションなどを通して自分の人生の目標を考え、そこに到達するためのアプローチ法を学ぶのだ。導入校では、生徒たちが深い目的意識に目覚めるため、学習への自発性も高くなり、学力向上につながることが実証されている。

また、高校生向けのワークショップ型の講演会を通して「7つの習慣」や第8の習慣と出会う学生もいる。キッズコーポレーション株式会社が提供する「キミの貢献」

という講座で、「自分ができる貢献は何か？」を考えることにより、「得意なことで人の役に立つ」「そのために重要なことを先にこなす」といったことを学習し、自分の価値や生きがいに気づいていくのだ。

こうした「7つの習慣」のノウハウ導入校の生徒たちには、「チャレンジカップ」（主宰：一般社団法人　日本チャレンジ教育協会）という、半年後に決めた目標の達成度を比べる大会で切磋琢磨している子も多い。毎年2000組以上の生徒が参加しており、過去のチャレンジカップ優勝校の中には、「近所のトンネルの落書きをキレイにしたい」という目標達成のために、市議会議員にメールをして、市議会・県議会まで巻き込み、県の協力を得ることに成功した例もある。

思いは叶う。

7つの習慣と出会った中高生たちは、確実にそれを学び、成長していくのだ。

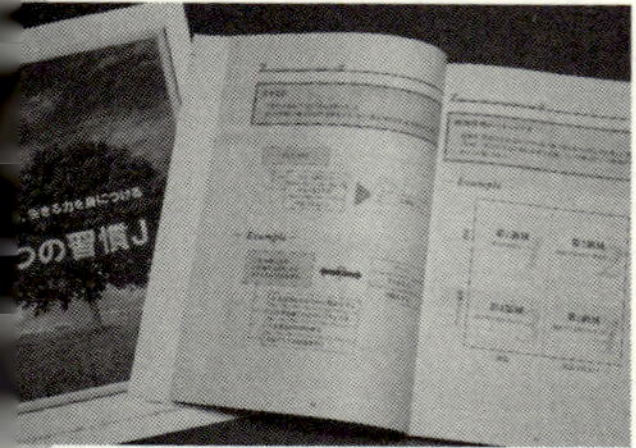

「7つの習慣J」の資料とテキスト。テキストはわかりやすい図版とやさしい文章で、中学生でも読みこなせる内容。制作、導入支援は、株式会社FCエデュケーション

第5章

人生の意味を知り生き方を見出す

――自分の真の価値が見つかる第8の習慣――

どんな人にも与えられた使命がある。自分が本当に果たすべき役割は何か。複雑になった世の中だからこそ、多くの人がそれを知りたがっている。『7つの習慣』の続刊となる『第8の習慣』をひもといて、その方法を見ていこう。

何か大きな意味のあることをしたい、かけがえのない存在でいたい、最も大事とする理念や人に影響を及ぼしたい——そうした内なる欲求に応える習慣の出発点は、思考様式、つまり「姿勢」にある。「姿勢」とは選択のことである。

——『第8の習慣 —「効果」から「偉大」へ』p.191——

Ch5-1

第８の習慣／ボイスを発見する①

自らの〝声《ボイス》〟がモチベーションを呼ぶ

「7つの習慣」のパワーをさらに高め、奥行きを与える「第8の習慣」。個人の生き方が一層問われるこの時代に、自分らしくまっすぐに生きるための考え方・行動基準だ。

「第7の習慣」に加えられたもうひとつの習慣

書籍『７つの習慣』が発行されて20年以上経った今、時代はますます複雑になった。この時代には、生き残り、成功し、新しいことをなし、先頭に立って時代をリードしていくために、「７つの習慣」を強化し、さらに人としての「偉大さ」を目指す習慣が必要になる。

人は、「情熱を持って実行すること」や、「大いなる貢献をすること」で、自身の偉大さが周囲に認められるようになる。そのモチベーションを高める手段が「第8の習慣」だ。

自分の〝ボイス〟はどこにある？

ＩＴによる情報革命を経て、経済の中心は、専門知識を活用する知識労働者となった。知的で効率的で、よくも悪くも計算高い彼らを奮い立たせ、率いるために必要なのは、人を情熱的に駆り立てる圧倒的な存在感、魅力、カリスマ性だ。

だから「7つの習慣」の影響力に厚みを与える力を持つ「第8の習慣」が必要なのだ。「第8の習慣」とは、「自分のボイス（内面の声）を発見し、それぞれのボイスを発

「『第8の習慣』は **人間精神の声(ボイス)** を呼び覚ます。その声は希望と知性に満ち、本質的に力があり、共通の利益に寄与する無限の可能性を秘めている」

──「苦痛に満ちた現状」*p.24*──

It(=The 8th Habit) **is the voice of the human spirit** — full of hope and intelligence, resilient by nature, boundless in its potential to serve the common good.

— The Pain p.5 —

新たな習慣はボイスを発見すること

第8の習慣の位置づけ

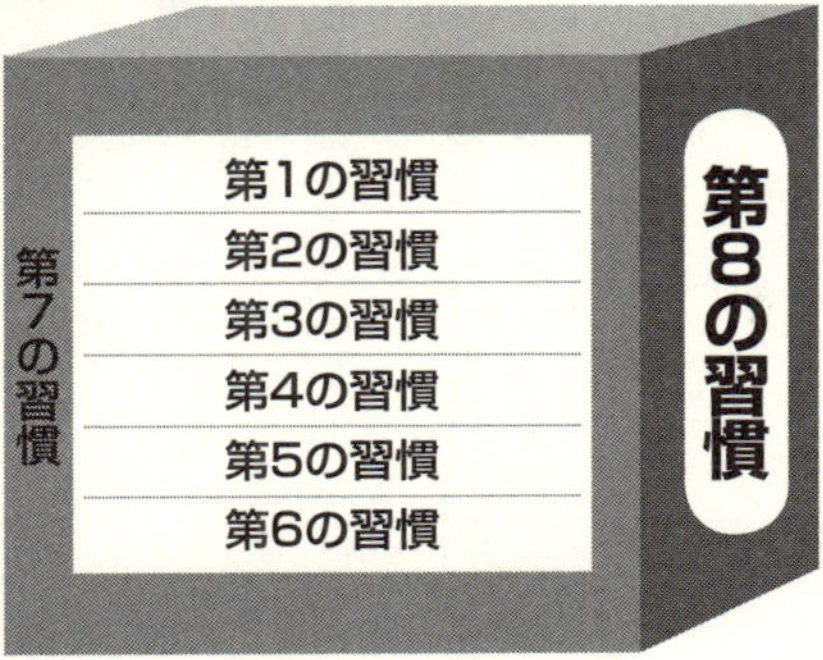
第1の習慣
第2の習慣
第3の習慣
第4の習慣
第5の習慣
第6の習慣
第7の習慣
第8の習慣

＝ **質的な奥行きをもたらす力**

時代やニーズに沿った、グローバルな視点でものごとを考え、実行すること

↓

ボイス（自分の内面の声）

ニーズ
自分や世界が必要としているもの
「困っている人がいる」

才能
生来の才能と精神的な強さ
「自分には人助けの才能がある」

良心
正しいと確信させる内なる声
「また見ぬふりをしてよいのか」

情熱
モチベーションを上げるもの
「自分が動かなくては！」

ボイスを発見することで、自分に1人の人間としてかけがえのない存在意義が生まれる。生きる力、世界に役に立つ力が見つかる！

見するよう人を奮起させること」だ。では、ボイスとは何か。

人間は、才能（天《てん》賦《ぷ》の才、強さ）、情熱（モチベーションを引き出すもの）、ニーズ（自分や世界が必要としているもの）、良心（何が正しいかを確信させてくれる内面の小さな声）を持っている。ボイスとは、その中心にある心の声だ。

ボイスに従って仕事をすれば、「才能」を生かし、「情熱」を持って取り組める。成果は社会の「ニーズ」に合い、「良心」にもかなう、誇れるものとなる。

自分の生きる「使命」をもう一度、意識しよう。それに気がつけば、〝ボイス〟が、生きる道をささやきかけてくる。

この習慣が人生を変える！

人は誰しもボイスを持っている。生きる使命を見直し、自分のボイスに気づこう。

Ch5-2

第8の習慣／ボイスを発見する②

生まれつき備わった3つの天賦の才を信じる

コヴィーは、人は自分の使命に気づいたとき、ボイスと出会い、偉大な人生を歩き出せるという。このボイスの見つけ方をもう少し詳しく見ていこう。

ボイスを発見する能力はすでに持っている

自分のボイスを発見する能力は、誰でも生まれつき持っている。それがコヴィーの言う3種類の天賦の才だ。これらを呼び覚まし、伸ばせれば、人の能力は限りなく高まっていく。だが、多くの人が眠らせたままにしている。

そのまずひとつ目は、「選択する自由と能力《ちから》」。226ページでも同様のことを述べたが、人は、自分で行動を選択できる。たとえ現在が、過去であるそれまでの受け身な生き方の結果であっても、未来を諦める必要はない。未来は、選択によって変えられるからだ。

2つ目は、「原則（自然の法則）」。物を上に投げれば下に落ちてくるように、世の中には自分の意志ではどうにもならない、普遍的、不変的な事象がある。人もまた、生まれながらにそんな原則の下に生きている。それはある種の天性だ。つまり、この事実を認識して、原則に逆らわずに生きなさい、ということだ。

3つの天賦の才を大切に育てる

そして3つ目は、「4つのインテリジェンス」。インテリジェンスとは、知能・理

「自分のボイス（内面の声）を発見する能力は、生まれたそのときから私たち一人ひとりに与えられている。… **偉大さの種** が生まれながらにして植え付けられているのだ」

――「ボイス（内面の声）を発見する」*p.74*――

The power to discover our voice lies in the potential that was bequeathed us at birth. ... **the seeds of greatness** were planted.

— Discover Your Voice p.40 —

ボイスの発見のために必要な〝3つの力〟

1 選択する自由と能力

人は誰かと関わったり、変化することにおいて、自分自身で行動を選ぶ能力がある。自分の選択を意識する中で、**今まで見えてこなかった自分**が発見できる

2 原則（自然の法則）

引力のような自然法則、誠実さや公正さ、敬意などの原則は普遍・不変である。そうした原則を**社会的・慣例的なベールでねじまげようとせず**、それに従う心も必要

3 生まれつき人が持っているインテリジェンス

下記の4つは、人が持っていながら**開発途上になっている**ことが多い。これらを研ぎ澄ますことが、ボイスの発見に役立つ

知的インテリジェンス

＝分析し、考察し、抽象的に思考し、言葉を使い、想像して理解する能力

肉体的インテリジェンス

＝身体を健康に保とうとする能力。心身ともに良好な状態であろうとすること

精神的インテリジェンス

＝ものごとの意味を理解し、ビジョンを立て、幸せを追求する能力

社会・情緒的インテリジェンス

＝コミュニケーション能力。頭のよさだけではまかなえないバランス感覚や判断力

解力・知力といった意味だ。

コヴィーは、人には4つの知性が生まれつき備わっているという(前ページ図下部)。言うまでもなく、この4つは「第7の習慣」で登場した4つにも通じている。4つの側面から、バランスよくインテリジェンスを高めることが大切だ。

選択する能力、原則、インテリジェンス。これら天賦の才を、大切に育てていくと、人は必ず自分に秘められた可能性に気づき驚く、とコヴィーは言う。そのとき、あなたの〝ボイス〟が語りかける。あなたの生きる道を。あなたの人生は、そこからまぶしく輝き始めるのだ。

この習慣が人生を変える！

秘められた天性を解き放つことで、ボイスを発見することができる。

Ch5-3

第8の習慣／ボイスを発見する③

〝声《ボイス》〟に従う生き方で周囲を奮い立たせる

ボイスを発見できた人は、周りの人のボイスに働きかけることもできる。彼ら自身のボイスに気づかせ、積極的な行動力を引き出す。これが「第8の習慣」の真骨頂だ。

「模範を示す」ことがリーダーシップの真髄

「世界を変革するためには、まず自分自身が変わらないといけない」――。インド独立の父、マハトマ・ガンジーが遺《のこ》した言葉だ。これは会社などの組織についても同じ。組織に不満があって何かを変えたいのなら、まずは自分のボイスに耳を傾け、自分が変わる必要がある。

ボイスに従う人の行動は、周囲の模範となる。だから、周りはいつの間にかその人についてくる。やがて、リーダーとして信頼を集めるようになるのだ。

コヴィーにとってリーダーシップの本質は「模範を示すこと」。リーダーが模範として振る舞い、方向性を示すことで、組織は団結する。仲間はリーダーに感化され、高いモチベーションで取り組む。

肩書きは関係ない。率先して行動することで、上司からの信頼を勝ち取れば、上司をリードすることも可能だ。

信頼が部下のボイスを刺激する

部下や仲間の能力を発揮させたいなら、方向性は示すが方法は任せる、というスタイルがいい。行きすぎた管理も〝アメとム

「**原則に沿った信頼感ある行動の模範になる**ことによって、声高に要求しなくても信頼を得ることができる。方向性を示すことにより、強要しなくても秩序が生まれる」

——「エンパワーメントするボイス」*p.367*——

Modeling principle-centered trustworthy behavior inspires trust without "talking it." Pathfinding creates order without demanding it.

— The Empowering Voice p.253 —

率先して行動し、周囲を巻き込もう！

転校生を紹介します
よ、よろしくお願いします
ねぇ…
いっしょにお昼、食べない？
あっ…ありがとう
ねっ！
うん！
…アイツも成長したもんだ
外で食べよー
うんっ

チ〟のようなテクニックもいらない。

大切なのは、まず自分が部下を深く信頼すること。そのうえで第8の習慣に裏打ちされた行動で接すれば、部下自身のボイスを刺激する。彼もまた、才能、情熱、ニーズ、良心に目覚め、いつしか自分の使命に気づき、自分のボイスと出会う。こうした波及効果が続けば、チームは使命感にあふれた士気の高い、指示待ち人間がいないプロ集団となる。

会社で働く人には、知識はあるが、仕事は言われるがまま、という人も多い。彼らを奮い立たせ、仕事の楽しさ・やりがいに気づかせよう。そのカギを握るのが、「第8の習慣」なのだ。

この習慣が人生を変える！

仲間には心からの信頼を態度に表す。それが仲間の眠っていた力を呼び覚ます。

〈さくいん付〉「7つの習慣」がわかる用語集44

あ行

アウトサイド・イン P62

他人や環境など、自分の外側にある要因が変わらなければ結果は得られない、という考え方。問題の原因を他者に求める発想につながりやすい。

インサイド・アウト P62・226

自分のパラダイムや人格、動機を反省し、自らの行動を変えることで問題を解決し、結果を得ようとする考え方。自分の影響の輪を広げることで人間関係や組織を改善しようとするアプローチ方法。

影響の輪 P100～107

自分の発言や行動によって、影響できるものごとの範囲のこと。意識して行動を選択し、周囲に働きかけていくことで、自分の影響の輪は、広げていくことができる。【関連語】**関心の輪**

か行

関心の輪 P100・102・106

自分の関心の範囲のこと。自分が影響できるものごとの他に、天気や過去の体験など、自分ではどうにもならないものごとも含まれている。【関連語】**影響の輪**

欠乏マインド P164

幸せの総量は決まっていて、誰かが幸せになれば、自分が損をするという考え方。表面では相手を祝福したり、励ましたりしていても、内心ではうらやんだり、蹴落としてやろうと考える気持ち。【関連語】**豊かさマインド**

※用語の参照ページは、本文などで触れたおもなページのみ記してあります。

原則　P51～53・116～122

この世界に普遍的、不変的に存在する法則。原則は人が意識しなくても宇宙に存在し、誰に対しても適用される。自然の法則、基礎的な真理。

公的成功　P74～77・79

コミュニケーションを通して、周りに影響を与える人となること。私的成功による自立を超え、相互依存に達すること。**【関連語】私的成功**

個性主義　P40

目先のテクニックだけで多くの成功を勝ち取ろうとする考え方や行動。一時的に結果は評価されるが、短期的成功に終わる。**【関連語】人格主義**

さ行

自叙伝的な聞き方　P172

人の話を自分の経験で解釈したり、評価しようとしたりしてしまう聞き方。「私もそうだったが、こんなふうに乗り越えた。だから君もこうすべき」などと、自分語りを始めてしまうことなどを指す。

私的成功　P74～77・79

自己克服と自制のプロセスで、個人の信頼性を確立すること。第1、第2、第3の習慣を身につけて、自分の考え方、姿勢を改善することにより、

自分自身が依存から抜け出し、自立することをいう。**【関連語】公的成功**

社会・情緒的インテリジェンス　P241

コミュニケーション能力。頭のよさだけではまかなえないバランス感覚や判断力。

習慣　P20・66〜69

人が無意識に繰り返し行う行動のこと。習慣は「知識」「スキル」「やる気」の3要素を支えにして意図的、継続的に行動していくことで身につけることができる。つまり、習慣は意識して変えることができる。

主体性　P92〜94

原則に沿った価値観に基づき、責任を持って行動していく意識。自分の生き様や言動、失敗は、他人や環境に影響されたものではなく、自分が選んだことなのだという自覚。

人格主義　P5・39〜41

誠実さや人柄を磨くことで信頼関係を築くという考え方や行動。人格が認められれば、長期的、持続的に評価される。**【関連語】個性主義**

信頼残高　P6・156〜159

相手からの信頼度合いのこと。約束を守ったり、相手を気づかうことで、増やすことができる。逆に、無礼だったり不誠実な態度を取ったりすることで、減っていく。交渉術や会話術などのテクニックで、成功を収めることは可能だが、その後の行動に一貫性がないと、信頼残高は減る。

精神的インテリジェンス P241

ものごとの意味を理解し、ビジョンを立て、幸せを追求する能力。

相互依存 P76・80

「私的成功」を通して人間同士がお互いを尊敬し、違いを認め、高いレベルで信頼し合うこと。お互いの力を発揮し合うことで、大きな成果を生み出すことができる。

相乗効果 P180〜191

別々のものが合わさることで、その合計より大きな成果が得られること。それぞれの妥協点を探るのではなく、新しく、素晴らしい第3案を生み出すこと。

相乗効果的なコミュニケーション P185〜186

お互いに信頼し合い、協力しようという気持ちを非常に強く持つことによるコミュニケーションのスタイル。互いの相違点について深く理解し合い、協力して大きな成果を生み出せる。

尊敬的なコミュニケーション P185〜186

感情移入まではできないが、ある程度の相互理解の下に行われるコミュニケーションのスタイル。解決は妥協によってなされる。

た行

第1の習慣（主体性を発揮する） P92～107

人間として自分の人生に対する責任を取ることで、他人や環境に流されることをやめ、自覚して自身の行動を選択すること。

第5の習慣（理解してから理解される） P168～179

自分を理解してもらうために、自分の主張や相手の批判より先に、相手の考え方を理解することから始めること。相手の言葉に耳を傾け、相手の目線で世界を見るようにすること。

第3の習慣（重要事項を優先する） P124～139

ビジョンに基づく役割と目標を反映させたうえでスケジュールを立て、緊急ではないが重要な活動をもっと増やすように努力すること。時間を作るために、仕事を人に任せる技術も必要となる。

第7の習慣（刃を研ぐ） P206～221

第1～第6の習慣の効果をさらに発揮させるために、自分への投資を日々続けること。自分自身の肉体、精神、知性、社会・情緒を再新再生（リニューアル）させること。

第2の習慣（目的を持って始める） P108～123

自分自身にリーダーシップを発揮することで、人生の目的を持ち、どんな人生を送るかの方向性をイメージし、それを実践すること。そのための「原則」を持つこと。

第2領域 P129～131

重要であるが、緊急度が低い案件が属する領域。将来の成長に役立つ活動のことで、ミッション・ステートメントを考えたり、運動で体力アップを図ることなど。

第8の習慣（ボイスを発見する）　Ｐ２３５～２４６

７つの習慣に、質的な奥行きをもたらす力で、才能、情熱、ニーズ、良心といったボイス（自分の内面の声）に従って、実行すること、また他人がボイスを発見できるように手伝うこと。

第4の習慣（Ｗｉｎ-Ｗｉｎを考える）　Ｐ１５６～１６７

Ｗｉｎ-Ｗｉｎ（自分も勝ち、相手も勝つ方法）を考えること。双方に利益をもたらすもっとも喜ばしい解決策を導き出し、信頼感を深めるようにすること。

第6の習慣（相乗効果を発揮する）　Ｐ１８０～１９１

お互いの妥協点を探るのではなく、お互いの相違点を生かす発想を持つこと。お互いがよりよい状況へと改善できるように努めること。

知的インテリジェンス　Ｐ２４１

分析し、考察し、抽象的に思考し、言葉を使い、想像して理解する能力。

デレゲーション　Ｐ１３６～１３９

委任、委託という意味で、自分の仕事を他の人に任せる方法。目標達成のための手段の選択は相手に任せ、結果の責任を問うようにする。能率より効果を重視するとよい。

な行

肉体的インテリジェンス　Ｐ２４１

身体を健康に保とうとする能力。心身ともに良好な状態であろうとすること。

は行

パラダイム P49～53

ものごとを理解するうえで、無意識に前提としてしまっている考え方や価値観などのこと。パラダイムは社会で共有されているものもあれば、経験を通して個人で身につけたものもある。

パラダイム転換 P50～53

他人の意見やパラダイムに耳を傾けることにより、同じ事象を、それまでとまったく違う解釈、視点によって捉えることができた瞬間のこと。当初のイメージに束縛されているほど、強烈な体験をすることになる。

ボイス P235～246

自分の内面の声。自身の中にある情熱、良心、貢献する気持ちなどの心の声。自分の才能とモチベーションをより高く開発するために必要なもの。

防衛的なコミュニケーション P184～186

相手に対する信頼と協力の度合いが低いため、お互いに守りに入り、自分が損しないことだけを考え、問題が起きたときの逃げ道ばかりを考えるコミュニケーションのスタイル。

ま行

マネジメント P109～111・132～135

時間配分や重要性、効率を考え、行動するように指示すること。物的創造に必要なもので、第3の習慣と密接なつながりを持つ。

ミッション・ステートメント P6・120～123

人生で何が大切で、自分がどうなりたいかを宣言すること。また、その内容。自分自身の〝憲法〟。

や行

豊かさマインド P164～165

すべての人が満足する道を考えようとする姿勢。誰かの幸せは自分の不幸せの原因、とは考えず、幸せとはともに、同時に新しく作り出していける、という考え方。**【関連語】欠乏マインド**

ら行

リーダーシップ P109～111

実践の前に、何の目的やミッションに向かって行動すべきかを考察すること。行動する前に行う知的創造に必要なもので、第2の習慣と深く関連している。

A～Z

No Deal P162～163

取引しないという選択肢。互いの価値観や目標が大きく異なる場合や、一方に不満が残る取引は、長続きしないし、相互不信を招くため、そもそも取引しない、という考え方。第4の習慣では、Win-Win、またはNo Dealが理想とされる。

Win-Win P160～167

自分も勝ち、相手も勝つ。つまり、自分も相手もほしい結果を得る関係を築くこと。意見が異なる場合に、片方だけが優勢な案でなく、両者が納得する第3案を発見すること。

P／PCバランス P192～194

PとPCのバランスのこと。Pは「目標達成」で、望む結果のこと。PCは「目標達成能力」で、望む結果を得るために必要な資源と能力のこと。望む結果を得るには、Pを常に意識してやる気を維持しながら、PCを高めるというバランスが重要である。

See→Do→Get P47

ものごとの見方（See）が行動（Do）を決め、それによって結果（Get）が生まれる、というサイクル。結果はさらに見方（See）を強めることが多く、こうして個人のパラダイムが形成されていく。考え方が結果に影響するまでのサイクルを指す。

おもな参考図書

『7つの習慣 ―成功には原則があった！』（ジェームス・スキナー、川西 茂 訳）、『第8の習慣 ―「効果」から「偉大」へ』（フランクリン・コヴィー・ジャパン訳、ともにキングベアー出版）

"The 7 Habits of Highly Effective People ― Powerful Lessons in Personal Change", "The 8th Habit ― From Effectiveness to Greatness" Stephen R. Covey, Free Press (both)

宝島
SUGOI
文庫

まんがと図解でわかる　7つの習慣
（まんがとずかいでわかる　ななつのしゅうかん）

2013年1月24日　第1刷発行
2023年10月19日　第14刷発行

監修　スティーブン・R・コヴィー
発行人　蓮見清一
発行所　株式会社 宝島社
〒102-8388　東京都千代田区一番町25番地
電話：営業 03（3234）4621／編集 03（3239）0646
https://tkj.jp
印刷・製本　中央精版印刷株式会社

First published 2011 by Takarajimasha,Inc.
ISBN978-4-8002-0578-0